群籁虽参差，适我无非新。

——王羲之

【跟大师学国学】

朱光潜 著

谈 美

中华书局

图书在版编目（CIP）数据

谈美/朱光潜著. —北京:中华书局,2010.8 (2024.11重印)
（跟大师学国学）
ISBN 978-7-101-07524-3

Ⅰ.谈… Ⅱ.朱… Ⅲ.美学 Ⅳ.B83

中国版本图书馆 CIP 数据核字(2010)第 147895 号

书　　名	谈　美	
著　　者	朱光潜	
丛 书 名	跟大师学国学	
策划编辑	徐卫东	
责任编辑	林玉萍　马　燕	
封面设计	许丽娟	
责任印制	陈丽娜	
出版发行	中华书局	
	（北京市丰台区太平桥西里38号　100073）	
	http://www.zhbc.com.cn	
	E-mail:zhbc@zhbc.com.cn	
印　　刷	三河市中晟雅豪印务有限公司	
版　　次	2010 年 8 月第 1 版	
	2024 年11月第17次印刷	
规　　格	开本/880×1230 毫米　1/32	
	印张 5⅞　插页 2　字数 120 千字	
印　　数	86001-87000 册	
国际书号	ISBN 978-7-101-07524-3	
定　　价	28.00 元	

写给年轻人的国学读本

——"跟大师学国学"出版缘起

这是一套写给年轻人的国学读本。

"国学"之名,始自清末。其时欧美学术进入中国,号为"新学"、"西学"等,与之相对,人们便把中国固有的学问统称为"旧学"、"中学"或"国学"等。

晚清民国时期,东西方文化会通碰撞,人文学术勃兴,产生了一批大师级的学者,留下了丰厚的文化遗产。他们的著述,历经岁月洗磨,至今仍熠熠生辉。我国古代经典,浩繁艰深,而这些著作无异于方便后人接近经典、了解历史与文化的一座座桥梁,其价值自不待言。

遗憾的是,出于诸种原因,这些著作,有的版本繁多,错漏杂见,有的久不再版,一书难觅。有鉴于此,我们特组织出版"跟大师学国学"书系,从中遴选出一些好读易懂、简明扼要的作品,仔细编校,统一装帧,分批推出,以飨读者。

这些作品,大多是一版再版的经典,不仅在文化学术界历来享有盛誉,也在广大读者中间有较高知名度;另有一部分,出自当日名家,影响很大,但1949年后未曾重印,借此次机会,将之重新推荐给大家。

这些作品，有的是为高中生所撰的教材，如张荫麟先生《中国史纲》；有的是为青年学生所作的讲演，如章太炎先生《国学概论》和梁启超先生《中国历史研究法》；有的是应约为青年人所写的通俗读物，如吕思勉先生《三国史话》——都是大家名家面向年轻读者讲述，不作高头讲章，也不掺杂教条习气。这正应了曹聚仁先生记录章太炎先生所作国学讲演时所说：

> 任在何时何地的学者，对于青年们有两种恩赐：第一，他运用精利的工具，辟出新境域给人们享受；第二，他站在前面，指引途径，使人们随着在轨道上走。

这也是本书系立意所在——让年轻一代享受大师们的文化成果，学习大师们的治学方法，感知大师们的智慧才情。朱自清先生说得好："经典训练的价值不在实用，而在文化。……做一个有相当教育的国民，至少对于本国的经典，也有接触的义务。"这对当今社会的年轻人来说，也许是一个并不过时的提醒。

我们希望，这些作品能在新的时代，帮助年轻朋友熟悉经典，认识中国的历史与文化。

中华书局编辑部

2009 年 4 月

写在前面

朱光潜（1897—1986），笔名孟实，安徽桐城人。我国著名的美学家、教育家、翻译家。青年时期在桐城中学、武昌高等师范学校学习，1918年考取香港大学，学习了教育学、英国语言和文学以及生物学和心理学等，奠定了一生教育活动和学术活动的方向。1922年香港大学毕业后，先后在吴淞中国公学和春晖中学任教，后来到上海参与立达学会和立达学园的创办，倡导"教育独立自由"。1924年发表了美学处女作《无言之美》。自1925年起，在英法留学八年，期间完成很多著述，如《给青年的十二封信》、《文艺心理学》、《谈美》、《诗论》、《变态心理学》等，并翻译了克罗齐的《美学原理》。回国后，受聘为北大西语系教授，主编过《文学杂志》。此后陆续著有《悲剧心理学》、《谈文学》、《谈修养》、《西方美学史》、《谈美书简》、《美学拾穗集》等，并翻译了《歌德谈话录》、柏拉图的《文艺对话集》、莱辛的《拉奥孔》、黑格尔的《美学》、维柯的《新科学》。

《谈美》是朱光潜先生于1932年以书信形式为青年所写的一本美学入门书。本书是其经典代表作《文艺心理学》的"缩写本"，也是给青年的"第十三封信"。（需要说明的是，与朱光潜先生在20世纪80年代出版的《谈美书简》相比，《谈美》更为本真，更少意识形态上的色彩，因而也更好读。）本书顺着美从哪里来、美是什么以及美的特点等问题层层展开，提出了他的美学研究的理想目标——"人生的艺术化"。朱先生以一种对老朋友的语气娓娓而谈，将他对艺术与人生关系的深刻体悟渗透在质朴清新的文字中，"引读者由艺术走入人生，又将人生纳入艺术之中"（朱自清语）。全书最后呼吁人们"慢慢走，欣赏啊"，认为"欣赏之中都寓有创造，创造之中也都寓有欣赏"。

本书自1933年由开明书店出版以来，先后重印过多次，主要有安徽教育出版社1989年版、开明出版社1994年版等。此次出版，我们以开明书店1933年版为底本，校对时参稽了安徽教育出版社1989年版，对原来的一些习惯用语予以保留，但对个别字词和标点做了调整和改动——主要是将某些译名改成了现在通用的用法，并将一些并列词语之间的逗号改成了分号等。

书后收录朱先生的《近代实验美学》一文，供读者朋友参考。

目　录

朱自清先生序

　　新文化运动以来，文艺理论的介绍各新杂志上常常看见；就中自以关于文学的为主，别的偶然一现而已。同时各杂志的插图却不断地复印西洋名画，不分时代，不论派别，大都凭编辑人或他们朋友的嗜好。也有选印雕像的，但比较少。他们有时给这些名作来一点儿说明，但不说明的时候多。青年们往往将杂志当水火，当饭菜；他们从这里得着美学的知识，正如从这里得着许多别的知识一样。他们也往往应用这点知识去欣赏，去批评别人的作品，去创造自己的。不少的诗文和绘画就如此形成。但这种东鳞西爪积累起来的知识只是"杂拌儿";——还赶不上"杂拌儿",因为"杂拌儿"总算应有尽有,而这种知识不然。应用起来自然是够苦的,够张罗的。

从这种凌乱的知识里,得不着清清楚楚的美感观念。徘徊于美感与快感之间,考据批评与欣赏之间,自然美与艺术美之间,常时自己冲突,自己烦恼,而不知道怎样去解那连环。又如写实主义与理想主义就像是难分难解的一对冤家,公说公有理,婆说婆有理,各有一套天花乱坠的话。你有时乐意听这一造的,有时乐意听那一造的,好教你左右做人难!还有近年来习用的"主观的"、"客观的"两个名字,也不只一回"缠夹二先生"。因此许多青年腻味了,索性一切不管,只抱着一条道理,"有文艺的嗜好就可以谈文艺"。这是"以不了了之",究竟"谈"不出什么来。留心文艺的青年,除这等难处外,怕更有一个切身的问题等着解决的。新文化是"外国的影响",自然不错;但说一般青年不留余地地鄙弃旧的文学艺术,却非真理。他们觉得单是旧的"注"、"话"、"评"、"品"等不够透彻,必须放在新的光里看才行。但他们的力量不够应用新知识到旧材料上去,于是只好搁浅,并非他们愿意如此。

这部小书便是帮助你走出这些迷路的。它让你将那些杂牌军队改编为正式军队;裁汰冗弱,补充械弹,所谓"兵在精而不在多"。其次指给你一些简截不绕弯的道路让你走上前去,不至于彷徨在大野里,也不至于彷徨在牛角尖里。其次它告诉你怎样在咱们的旧环境中应用新战术;它自然只能给你一两个例子看,让你可以举一反三。它矫正你的错误,针砭你的缺失,鼓励你走向前去。作者是你的熟人,他曾写给你《十二封信》；他的态度的亲切和谈话的风趣，你是不会忘记的。在这书里他的希望是很大的，他说：

> 悠悠的过去只是一片漆黑的天空，我们所以还能认识出来这漆黑的天空者，全赖思想家和艺术家所散布的几点星光。朋友，让我们珍重这几点星光！让我们也努力散布几点星光去照耀那和过去一般漆黑的未来。

> （第一章）

这却不是大而无当、远不可几的例话；他散布希望在每一个心里，让你相信你所能做的比你想你所能做的多。他告诉你美并不是天上掉下来的；它一半在物，一半在你，在你的手里，“一首诗的生命不是作者一个人所能维持住，也要读者帮忙才行。读者的想象和情感是生生不息的，一首诗的生命也就是生生不息的，它并非是一成不变的。”（第九章）“情感是生生不息的，意象也是生生不息。……即景可以生情，因情也可以生景。所以诗是做不尽的。……诗是生命的表现。说诗已经做穷了，就不啻说生命已到了末日。”（第十一章）这便是“欣赏之中都寓有创造，创造之中也都寓有欣赏”；（第九章）是精粹的理解，同时结结实实地鼓励你。

孟实先生还写了一部大书，《文艺心理学》。但这本小册子并非节略；它自成一个完整的有机体；有些处是那部大书所不详的；有些是那里面没有的。——“人生的艺术化”一章是著明的例子。这是孟实先生自己最重要的理论。他分人生为广狭两义：艺术虽与"实际人生"有距离，与"整个人生"却并无隔阂；"因为艺术是情趣的表现，而情趣的根源就在人生。反之，离开艺术也便无所谓人生；因为凡是创造和欣赏都是艺术的活动。"他说："生活上的艺术家也不但能认真而且能摆脱。在认真时见出他的严肃，在摆脱时见出他的豁达。"又引西方哲人之说，"至高的美在无所为而为的玩索"，以为这"还是一种美"。又说，"一切哲学系统也都只能当作艺术作品去看。"又说，"真理在离开实用而成为情趣中心时，就已经是美感的对象；……所以科学的活动也还是一种艺术的活动。"这样真善美便成了三位一体了。孟实先生引读者由艺术走入人生，又将人生纳入艺术之中。这种"宏远的眼界和豁达的胸襟"，值得学者深思。文艺理论当有以观其会通；局于一方一隅，是不会有真知灼见的。

朱自清，

二十一年四月，伦敦。

开场话

朋友，

从写《十二封信》给你之后，我已经歇三年没有和你通消息了。你也许怪我疏懒，也许忘记几年前的一位老友了，但是我仍是时时挂念你。在这几年之内，国内经过许多不幸的事变，刺耳痛心的新闻不断地传到我这里来。听说我的青年朋友之中，有些人已遭惨死，有些人已因天灾人祸而废学，有些人已经拥有高官厚禄或是正在"忙"高官厚禄。这些消息使我比听到日本出兵东三省和轰炸淞沪时更伤心。在这种时候，我总是提心吊胆地念着你。你还是在惨死者之列呢？还是已经由党而官，奔走于大人先生之门而洋洋自得呢？

在这些提心吊胆的时候，我常想写点什么寄慰你。我本有许多话要说而终于缄默到现在者，也并非完全由于疏懒。在我的脑际盘旋的实际问题都很复杂错乱，它们所引起的感想也因而复杂错乱。现在青年不应该再有复杂错乱的心境了。他们所需要的不是一盆八宝饭而是一帖清凉散。想来想去，我决定来和你讲美。

讲美！这话太突如其来了！在这个危急存亡的年头，我还有心肝来"谈风月"么？是的，我现在讲美，正因为时机实在是太紧迫了。朋友，你知道，我是一个旧时代的人，流落在这纷纭扰攘的新时代里面，虽然也出过一番力来领略新时代的思想和情趣，仍然不免抱有许多旧时代的信仰。我坚信中国社会闹得如此之糟，不完全是制度的问题，是大半由于人心太坏。我坚信情感比理智重要，要洗刷人心，并非几句道德家言所可了事，一定要从"怡情养性"做起，一定要于饱食暖衣、高官厚禄等等之外，别有较高尚、较纯洁的企求。要求人心净化，先要求人生美化。

人要有出世的精神才可以做入世的事业。现世只是一个密密无缝的利害网，一般人不能跳脱这个圈套，所以转来转去，仍是被利害两个大字系住。在利害关系方面，人已最不容易调协，人人都把自己放在第一位，欺诈、凌虐、劫夺种种罪孽都种根于此。美感的世界纯粹是意象世界，超乎利害关系而独立。在创造或是欣赏艺术时，人都是从有利害关系的实用世界搬家到绝无利害关系的理想世界里去。艺术的活动是"无所为而为"的。我以为无论是讲学问或是做事业的人都要抱有一副"无所为而为"的精神，把自己所做的学问事业当作一件艺术品看待，只求满足理想和情趣，不斤斤于利害得失，才可以有一番真正的成就。伟大的事业都出于宏远的眼界和豁达的胸襟。如果这两层不讲究，社会上多一个讲政治经济的人，便是多一个借党忙官的人；这种人愈多，社会会愈趋于腐浊。现在一般借党忙官的政治学者和经济学者以及冒牌的哲学家和科学家所给人的印象只要一句话就说尽了，——"俗不可耐"。

人心之坏，由于"未能免俗"。什么叫做"俗"？这无非是像蛆钻粪似的求温饱，不能以"无所为而为"的精神作高尚纯洁的企求；总而言之，"俗"无非是缺乏美感的修养。

在这封信里我只有一个很单纯的目的，就是研究如何"免俗"。这事本来关系各人的性分，不易以言语晓喻，我自己也还是一个"未能免俗"的人，但是我时常领略到能免俗的趣味，这大半是在玩味一首诗、一幅画或是一片自然风景的时候。我能领略到这种趣味，自信颇得力于美学的研究。在这封信里我就想把这一点心得介绍给你。假若你看过之后，看到一首诗、一幅画或是一片自然风景的时候，比较从前感觉到较浓厚的趣味，懂得像什么样的经验才是美感的，然后再以美感的态度推到人生世相方面去，我的心愿就算达到了。

在写这封信之前，我曾经费过一年的光阴写了一部《文艺心理学》。这里所说的话大半在那里已经说过，我何必又多此一举呢？在那部书里我向专门研究美学的人说话，免不了引经据典，带有几分掉书囊的气味；在这里我只是向一位亲密的朋友随便谈谈，竭力求明白晓畅。在写《文艺心理学》时，我要先看几十部书才敢下笔写一章；在写这封信时，我和平时写信给我的弟弟妹妹一样，面前一张纸，手里一管笔，想到什么便写什么，什么书也不去翻看。我所说的话都是你所能了解的，但是我不敢勉强要你全盘接收。这是一条思路，你应该趁着这条路自己去想。一切事物都有几种看法，我所说的只是一种看法，你不妨有你自己的看法。我希望你把你自己所想到的写一封回信给我。

一　我们对于一棵古松的三种态度

——实用的、科学的、美感的

我刚才说，一切事物都有几种看法。你说一件事物是美的或是丑的，这也只是一种看法。换一个看法，你说它是真的或是假的；再换一种看法，你说它是善的或是恶的。同是一件事物，看法有多种，所看出来的现象也就有多种。

比如园里那一棵古松，无论是你是我或是任何人一看到它，都说它是古松。但是你从正面看，我从侧面看，你以幼年人的心境去看，我以中年人的心境去看，这些情境和性格的差异都能影响到所看到的古松的面目。古松虽只是一件事物，你所看到的和我所看到的古松却是两件事。假如你和我各把所得的古松的印象画成一幅画或是写成一首诗，我们俩艺术手腕尽管不分上下，你的诗和画与我的诗和画相比较，却有许多重要的异点。这是什么缘故呢？这就由于知觉不完全是客观的，各人所见到的物的形相都带有几分主观的色彩。

假如你是一位木商，我是一位植物学家，另外一位朋友是画家，三人同时来看这棵古松。我们三人可以说同时都"知觉"到这一棵树，可是三人所"知觉"到的却是三种不同的东西。你脱离不了你的木商的心习，你所知觉到的只是一棵做某事用值几多钱的木料。我也脱离不了我的植物学家的心习，我所知觉到的只是一棵叶为针状，果为球状，四季常青的显花植物。我们的朋友——画家——什么事都不管，只管审美，他所知觉到的只是一棵苍翠劲拔的古树。我们三人的反应态度也不一致。你心里盘算它是宜于架屋或是制器，思量怎样去买它，砍它，运它。我把它归到某类某科里去，注意它和其他松树的异点，思量它何以活得这样老。我们的朋友却不这样东想西想，他只在聚精会神地观赏它的苍翠的颜色，它的盘屈如龙蛇的线纹以及它的那一般昂然高举、不受屈挠的气概。

从此可知这棵古松并不是一件固定的东西，它的形相随观者的性格和情趣而变化。各人所见到的古松的形相都是各人自己性格和情趣的返照。古松的形相一半是天生的，一半也是人为的。极平常的知觉都带有几分创造性；极客观的东西之中都有几分主观的成分。

美也是如此。有审美的眼睛才能见到美。这棵古松对于我们的画画的朋友是美的，因为他去看它时就抱了美感的态度。你和我如果也想见到它的美，你须得把你那种木商的实用的态度丢开，我须得把植物学家的科学的态度丢开，专持美感的态度去看它。

这三种态度有什么分别呢？

先说实用的态度。做人的第一件大事就是维持生活。既要生活，就要讲究如何利用环境。"环境"包含我自己以外的一切人和物在内，这些人和物有些对于我的生活有益，有些对于我的生活有害，有些对于我不关痛痒。我对于他们于是有爱恶的情感，有趋就或逃避的意志和活动。这就是实用的态度。实用的态度起于实用的知觉，实用的知觉起于经验。小孩子初出世，第一次遇见火就伸手去抓，被它烧痛了，以后他再遇见火，便认识它是什么东西，便明了它是烧痛手指的，火对于他于是有意义。事物本来都是很混乱的，人为便利实用起见，才像被火烧过的小孩子根据经验把四围事物分类立名，说天天吃的东西叫做"饭"，天天穿的东西叫做"衣"，某种人是朋友，某种人是仇敌，于是事物才有所谓"意义"。意义大半都起于实用。在许多人看，衣除了是穿的，饭除了是吃的，女人除了是生小孩的一类意义之外，便寻不出其他意义。所谓"知觉"，就是感官接触某种人或物时心里明了他的意义。明了他的意义起初都只是明了他的实用。明了实用之后，才可以对他起反应动作，或是爱他，或是恶他，或是求他，或是拒他，木商看古松的态度便是如此。

科学的态度则不然。它纯粹是客观的、理论的。所谓客观的态度就是把自己的成见和情感完全丢开，专以"无所为而为"的精神去探求真理。理论是和实用相对的。理论本来可以见诸实用，但是科学家的直接目的却不在于实用。科学家见到一个美人，不说，"我要去向她求婚，她可以替我生儿子"，他只说，"我看她这人很有趣味，我要来研究她的生理构造，分析她的心理组织"。科学家见到一堆粪，不说，"它的气味太坏，我要掩鼻走开"，他只说，"这堆粪是一个病人排泄的，我要分析它的化学成分，看看有没有病菌在里面"。科学家自然也有见到美人就求婚，见到粪就掩鼻走开的时候，但是那时候他已经由科学家还到实际人的地位了。科学的态度之中很少有情感和意志，它的最重要的心理活动是抽象的思考。科学家要在这个混乱的世界中寻出事物的关系和条理，纳个物于概念，从原理演个例，分出某者为因，某者为果，某者为特征，某者为偶然性。植物学家看古松的态度便是如此。

木商由古松而想到架屋、制器、赚钱等等，植物学家由古松而想到根茎花叶、日光水分等等，他们的意识都不能停止在古松本身上面。不过把古松当作一块踏脚石，由它跳到和它有关系的种种事物上面去。所以在实用的态度中和科学的态度中，所得到的事物的意象都不是独立的、绝缘的，观者的注意力都不是专注在所观事物本身上面的。注意力的集中，意象的孤立绝缘，便是美感的态度的最大特点。比如我们的画画的朋友看古松，他把全副精神都注在松的本身上面，古松对于他便成了一个独立自足的世界。他忘记他的妻子在家里等柴烧饭，他忘记松树在植物教科书里叫做显花植物，总而言之，古松完全占领住他的意识，古松以外的世界他都视而不见、听而不闻了。他只把古松摆在心眼面前当作一幅画去玩味。他不计较实用，所以心中没有意志和欲念；他不推求关系、条理、因果等等，所以不用抽象的思考。这种脱净意志和抽象思考的心理活动叫做"直觉"，直觉所见到的孤立绝缘的意象叫做"形相"。美感经验就是形相的直觉，美就是事物呈现形相于直觉时的特质。

实用的态度以善为最高目的，科学的态度以真为最高目的，美感的态度以美为最高目的。在实用态度中，我们的注意力偏在事物对于人的利害，心理活动偏重意志；在科学的态度中，我们的注意力偏在事物间的互相关系，心理活动偏重抽象的思考；在美感的态度中，我们的注意力专在事物本身的形相，心理活动偏重直觉。真善美都是人所定的价值，不是事物所本有的特质。离开人的观点而言，事物都混然无别，善恶、真伪、美丑就漫无意义。真善美都含有若干主观的成分。

就"用"字的狭义说，美是最没有用处的。科学家的目的虽只在辨别真伪，他所得的结果却可效用于人类社会。美的事物如诗文、图画、雕刻、音乐等等都是寒不可以为衣、饥不可以为食的。从实用的观点看，许多艺术家都是太不切实用的人物。然则我们又何必来讲美呢？人性本来是多方的，需要也是多方的。真善美三者俱备才可以算是完全的人。人性中本有饮食欲，渴而无所饮，饥而无所食，固然是一种缺乏；人性中本有求知欲而没有科学的活动，本有美的嗜好而没有美感的活动，也未始不是一种缺乏。真和美的需要也是人生中的一种饥渴，——精神上的饥渴。疾病衰老的身体才没有口腹的饥渴。同理，你遇到一个没有精神上的饥渴的人或民族，你可以断定他的心灵已到了疾病衰老的状态。

人所以异于其他动物的就是于饮食男女之外还有更高尚的企求，美就是其中之一。是壶就可以贮茶，何必又求它形式、花样、颜色都要好看呢？吃饱了饭就可以睡觉，何必又呕心血去做诗、画画、奏乐呢？"生命"是与"活动"同义的，活动愈自由，生命也就愈有意义。人的实用的活动全是有所为而为，是受环境需要限制的；人的美感的活动全是无所为而为，是环境不需要他活动而他自己愿意去活动的。在有所为而为的活动中，人是环境需要的奴隶；在无所为而为的活动中，人是自己心灵的主宰。这是单就人说，就物说呢，在实用的和科学的世界中，事物都借着和其他事物发生关系而得意义，在孤立绝缘时都没有意义；但是在美感世界中它却能孤立绝缘，却能在本身现出价值。照这样看，我们可以说，美是事物的最有价值的一面，美感的经验是人生中最有价值的一面。

许多轰轰烈烈的英雄和美人都过去了，许多轰轰烈烈的成功和失败也都过去了，只有艺术作品真正是不朽的。数千年前的《采采卷耳》和《孔雀东南飞》的作者还能在我们心里点燃很强烈的火焰，虽然在当时他们不过是大皇帝脚下的不知名的小百姓。秦始皇并吞六国，统一车书；曹孟德带八十万人马下江东，舳舻千里，旌旗蔽空，这些惊心动魄的成败对于你有什么意义？对于我有什么意义？但是长城和《短歌行》对于我们还是很亲切的，还可以使我们心领神会这些骸骨不存的精神气魄。这几段墙在，这几句诗在，他们永远对于人是亲切的。由此类推，在几千年或是几万年以后看，现在纷纷扰扰的"帝国主义"、"反帝国主义"、"主席"、"代表"、"电影明星"之类对于人有什么意义？我们这个时代有类似长城和《短歌行》的纪念坊留给后人，让他们觉得我们也还是很亲切的么？悠悠的过去只是一片漆黑的天空，我们所以还能认识出来这漆黑的天空者，全赖思想家和艺术家所散布的几点星光。朋友，让我们珍重这几点星光！让我们也努力散布几点星光去照耀那和过去一般漆黑的未来！

二 "当局者迷，旁观者清"

——艺术和实际人生的距离

有几件事实我觉得很有趣味，不知道你有同感没有？

我的寓所后面有一条小河通莱茵河。我在晚间常到那里散步一次，走成了习惯，总是沿东岸去，过桥沿西岸回来。走东岸时我觉得西岸的景物比东岸的美；走西岸时适得其反，东岸的景物又比西岸的美。对岸的草木房屋固然比较这边的美，但是它们又不如河里的倒影。

同是一棵树，看它的正身本极平凡，看它的倒影却带有几分另一世界的色彩。我平时又欢喜看烟雾朦胧的远树、大雪笼盖的世界和深更夜静的月景。本来是习见不以为奇的东西，让雾、雪、月盖上一层白纱，便见得很美丽。

北方人初看到西湖，平原人初看到峨嵋，虽然审美力薄弱的村夫也惊讶它们是奇景；但在生长在西湖或峨嵋的人除了以居近名胜自豪以外，心里往往觉得西湖和峨嵋实在也不过如此。新奇的地方都比熟悉的地方美。东方人初到西方，或是西方人初到东方，都往往觉得面前景物件件值得玩味。本地人自以为不合时尚的服装和举动，在外方人看，却往往有一种美的意味。

古董癖也是很奇怪的，一个周朝的铜鼎或是一个汉朝的瓦瓶在当时也不过是盛酒盛肉的日常用具，在现在却变成很稀有的艺术品。固然有些好古董的人是贪它值钱，但是觉得古董实在可玩味的人却不少。我到外国人家去时，主人常欢喜拿一点中国东西给我看。这总不外瓷罗汉、蟒袍、渔樵耕读图之类的装饰品，我看到每每觉得羞涩，而主人却诚心诚意地夸奖它们好看。

种田人常羡慕读书人，读书人也常羡慕种田人。竹篱瓜架旁的黄粱浊酒和朱门大厦中的山珍海鲜，在旁观者所看出来的滋味都比当局者亲口尝出来的好。读陶渊明的诗，我们常觉到农人的生活真是理想的生活，可是农人自己在烈日寒风之中耕作时所尝到的况味，绝不似陶渊明所描写的那样闲逸。

人常是不满意自己的境遇而羡慕他人的境遇，所以俗话说："家花不比野花香"。人对于现在和过去的态度也有同样的分别。本来是很酸辛的遭遇，到后来往往变成很甜美的回忆。我小时在乡下住，早晨看到的是那几座茅屋、几畦田、几排青山，晚上看到的也还是那几座茅屋、几畦田、几排青山，觉得它们真是单调无味，现在回忆起来，却不免有些留恋。

这些经验你一定也注意到的。它们是什么缘故呢？

这全是观点和态度的差别。看倒影，看过去，看旁人的境遇，看稀奇的景物，都好比站在陆地上远看海雾，不受实际的切身的利害牵绊，能安闲自在地玩味目前美妙的景致。看正身，看现在，看自己的境遇，看习见的景物，都好比乘海船遇着海雾，只知它妨碍呼吸，只嫌它耽误程期，预兆危险，没有心思去玩味它的美妙。持实用的态度看事物，它们都只是实际生活的工具或障碍物，都只能引起欲念或嫌恶。要见出事物本身的美，我们一定要从实用世界跳开，以"无所为而为"的精神欣赏它们本身的形相。总而言之，美和实际人生有一个距离，要见出事物本身的美，须把它摆在适当的距离之外去看。

再就上面的实例说，树的倒影何以比正身美呢？它的正身是实用世界中的一片段，它和人发生过许多实用的关系。人一看见它，不免想到它在实用上的意义，发生许多实际生活的联想。它是避风息凉的或是架屋烧火的东西。在散步时我们没有这些需要，所以就觉得它没有趣味。倒影是隔着一个世界的，是幻境的，是与实际人生无直接关联的。我们一看到它，就立刻注意到它的轮廓、线纹和颜色，好比看一幅图画一样。这是形相的直觉，所以是美感的经验。总而言之，正身和实际人生没有距离，倒影和实际人生有距离，美的差别即起于此。

同理，游历新境时最容易见出事物的美。习见的环境都已变成实用的工具。比如我久住在一个城市里面，出门看见一条街就想到朝某方向走是某家酒店，朝某方向走是某家银行；看见了一座房子就想到它是某个朋友的住宅，或是某个总长的衙门。这样的"由盘而之钟"，我的注意力就迁到旁的事物上去，不能专心致志地看这条街或是这座房子究竟像个什么样子。在崭新的环境中，我还没有认识事物的实用的意义，事物还没有变成实用的工具，一条街还只是一条街而不是到某银行或某酒店的指路标，一座房子还只是某颜色某线形的组合而不是私家住宅或是总长衙门，所以我能见出它们本身的美。

一件本来惹人嫌恶的事情，如果你把它推远一点看，往往可以成为很美的意象。卓文君不守寡，私奔司马相如，陪他当垆卖酒。我们现在把这段情史传为佳话。我们读李长吉的

　　长卿怀茂陵，绿草垂石井。弹琴看文君，春风吹鬓影。

几句诗，觉得它是多么幽美的一幅画！但是在当时人看，卓文君失节却是一件秽行丑迹。袁子才尝刻一方"钱塘苏小是乡亲"的印，看他的口吻是多么自豪！但是钱塘苏小究竟是怎样的一个伟人？她原来不过是南朝的一个妓女。和这个妓女同时的人谁肯攀她做"乡亲"呢？当时的人受实际问题的牵绊，不能把这些人物的行为从极繁复的社会

信仰和利害观念的圈套中划出来，当作美丽的意象来观赏。我们在时过境迁之后，不受当时的实际问题的牵绊，所以能把它们当作有趣的故事来谈。它们在当时和实际人生的距离太近，到现在则和实际人生距离较远了，好比经过一些年代的老酒，已失去它的原来的辣性，只留下纯淡的滋味。

一般人迫于实际生活的需要，都把利害认得太真，不能站在适当的距离之外去看人生世相，于是这丰富华严的世界，除了可效用于饮食男女的营求之外，便无其他意义。他们一看到瓜就想它是可以摘来吃的，一看到漂亮的女子就起性欲的冲动。他们完全是占有欲的奴隶。花长在园里何尝不可以供欣赏？他们却欢喜把它摘下来挂在自己的襟上或是插在自己的瓶里。一个海边的农夫逢人称赞他的门前海景时，便很羞涩地回过头来指着屋后一园菜说："门前虽没有什么可看的，屋后这一园菜却还不差。"许多人如果不知道周鼎汉瓶是很值钱的古董，我相信他们宁愿要一个不易打烂的铁锅或瓷罐，不愿要那些不能煮饭藏菜的破铜破铁。这些人都是不能在艺术品或自然美和实际人生之中维持一种适当的距离。

艺术家和审美者的本领就在能不让屋后的一园菜压倒门前的海景，不拿盛酒盛菜的标准去估定周鼎汉瓶的价值，不把一条街当作到某酒店和某银行去的指路标。他们能跳开利害的圈套，只聚精会神地观赏事物本身的形相。他们知道在美的事物和实际人生之中维持一种适当的距离。

我说"距离"时总不忘冠上"适当的"三个字，这是要注意的。

"距离"可以太过,可以不及。艺术一方面要能使人从实际生活牵绊中解放出来,一方面也要使人能了解、能欣赏,"距离"不及,容易使人回到实用世界,距离太远,又容易使人无法了解欣赏。这个道理可以拿一个浅例来说明。

王渔洋的《秋柳诗》中有两句说:"相逢南雁皆愁侣,好语西乌莫夜飞。"在不知道这诗的历史的人看来,这两句诗是漫无意义的,这就是说,它的距离太远,读者不能了解它,所以无法欣赏它。《秋柳诗》原来是悼明亡的,"南雁"是指国亡无所依附的故旧大臣,"西乌"是指有意屈节降清的人物。假使读这两句诗的人自己也是一个"遗老",他对于这两句诗的情感一定比旁人较能了解。但是他不一定能取欣赏的态度,因为他容易看这两句诗而自伤身世,想到种种实际人生问题上面去,不能把注意力专注在诗的意象上面,这就是说,《秋柳诗》对于他的实际生活距离太近了,容易把他由美感的世界引回到实用的世界。

许多人欢喜从道德的观点来谈文艺,从韩昌黎的"文以载道"说起,一直到现代"革命文学"以文学为宣传的工具止,都是把艺术硬拉回到实用的世界里去。一个乡下人看戏,看见演曹操的角色扮老奸巨猾的样子惟妙惟肖,不觉义愤填胸,提刀跳上舞台,把他杀了。从道德的观点评艺术的人们都有些类似这位杀曹操的乡下佬,义气虽然是义气,无奈是不得其时、不得其地。他们不知道道德是实际人生的规范,而艺术是与实际人生有距离的。

艺术须与实际人生有距离,所以艺术与极端的写实主义不相容。

写实主义的理想在妙肖人生和自然，但是艺术如果真正做到妙肖人生和自然的境界，总不免把观者引回到实际人生，使他的注意力旁迁于种种无关美感的问题，不能专心致志地欣赏形相本身的美，比如裸体女子的照片常不免容易刺激性欲，而裸体雕像如《密罗斯爱神》，裸体画像如法国安格尔的《汲泉女》，都只能令人肃然起敬。这是什么缘故呢？这就是因为照片太逼肖自然，容易像实物一样引起人的实用的态度；雕刻和图画都带有若干形式化和理想化，都有几分不自然，所以不易被人误认为实际人生中的一片段。

艺术上有许多地方，乍看起来，似乎不近情理。古希腊和中国旧戏的角色往往带面具，穿高底鞋，表演时用歌唱的声调，不像平常说话。埃及雕刻对于人体加以抽象化，往往千篇一律。波斯图案画把人物的肢体加以不自然的扭屈，中世纪"哥特式"诸大教寺的雕像把人物的肢体加以不自然的延长。中国和西方古代的画都不用远近阴影。这种艺术上的形式化往往遭浅人唾骂，它固然时有流弊，其实也含有至理。这些风格的创始者都未尝不知道它不自然，但是他们的目的正在使艺术和自然之中有一种距离。说话不押韵，不论平仄，做诗却要押韵，要论平仄，道理也是如此。艺术本来是弥补人生和自然缺陷的。如果艺术的最高目的仅在妙肖人生和自然，我们既已有人生和自然了，又何取乎艺术呢？

艺术都是主观的，都是作者情感的流露，但是它一定要经过几分客观化。艺术都要有情感，但是只有情感不一定就有艺术。许多人本来是笨伯而自信是可能的诗人或艺术家。他们常埋怨道："可惜我不

是一个文学家，否则我的生平可以写成一部很好的小说。"富于艺术
材料的生活何以不能产生艺术呢？艺术所用的情感并不是生糙的而是
经过反省的。蔡琰在丢开亲生子回国时决写不出《悲愤诗》，杜甫在
"入门闻号啕，幼子饥已卒"时决写不出《奉先咏怀》诗。《悲愤诗》
和《奉先咏怀》诗都是"痛定思痛"的结果。艺术家在写切身的情感
时，都不能同时在这种情感中过活，必定把它加以客观化，必定由站
在主位的尝受者退为站在客位的观赏者。一般人不能把切身的经验放
在一种距离以外去看，所以情感尽管深刻，经验尽管丰富，终不能创
造艺术。

三　"子非鱼，安知鱼之乐？"

——宇宙的人情化

庄子与惠子游于濠梁之上。

庄子曰，"鲦鱼出游从容，是鱼乐也！"

惠子曰，"子非鱼，安知鱼之乐？"

庄子曰，"子非我，安知我不知鱼之乐？"

这是《庄子·秋水》篇里的一段故事，是你平时所欢喜玩味的。我现在藉这段故事来说明美感经验中的一个极有趣味的道理。

我们通常都有"以己度人"的脾气，因为有这个脾气，对于自己以外的人和物才能了解。严格地说，各个人都只能直接地了解他自己，都只能知道自己处某种境地、有某种知觉、生某种情感。至于知道旁人旁物处某种境地、有某种知觉、生某种情感时，则是凭自己的经验推测出来的。比如我知道自己在笑时心里欢喜，在哭时心里悲痛，看到旁人笑也就以为他心里欢喜，看见旁人哭也以为他心里悲痛。我知道旁人旁物的知觉和情感如何，都是拿自己的知觉和情感来比拟的。我只知道自己，我知道旁人旁物时是把旁人旁物看成自己，或是把自己推到旁人旁物的地位。庄子看到鯈鱼"出游从容"便觉得它乐，因为他自己对于"出游从容"的滋味是有经验的。人与人，人与物，都有共同之点，所以他们都有互相感通之点。假如庄子不是鱼就无从知鱼之乐，每个人就要各成孤立世界，和其他人物都隔着一层密不通风的墙壁，人与人以及人与物之中便无心灵交通的可能了。

这种"推己及物"、"设身处地"的心理活动不尽是有意的、出于理智的，所以它往往发生幻觉。鱼没有反省的意识，是否能够像人一样"乐"，这种问题大概在庄子时代的动物心理学也还没有解决，而庄子硬拿"乐"字来形容鱼的心境，其实不过把他自己的"乐"的心境外射到鱼的身上罢了，他的话未必有科学的谨严与精确。我们知觉外物，常把自己所得的感觉外射到物的本身上去，把它误认为物所固有的属性，于是本来在我的就变成在物的了。比如我们说"花是红的"时，是把红看作花所固有的属性，好像是以为纵使没有人去知觉它，它也还是在那里。其实花本身只有使人觉到红的可能性，至于红却是视觉的结果。红是长度为若干的光波射到眼球网膜上所生的印象。如果光波长一点或是短一点，眼球网膜的构造换一个样子，红的色觉便不会发生。患色盲的人根本就不能辨别红色，就是眼睛健全的人在薄暮光线暗淡时也不能把红色和绿色分得清楚，从此可知，严格地说，我们只能说"我觉得花是红的"。我们通常都把"我觉得"三字略去而直说"花是红的"，于是在我的感觉遂被误认为在物的属性了。日常对于外物的知觉都可作如是观。"天气冷"其实只是"我觉得天气冷"，鱼也许和我不同意；"石头太沉重"其实只是"我觉得它太沉重"，大力士或许还嫌它太轻。

云何尝能飞？泉何尝能跃？我们却常说云飞泉跃；山何尝能鸣？谷何尝能应？我们却常说山鸣谷应。在说云飞泉跃、山鸣谷应时，我们比说花红石头重，又更进一层了。原来我们只把在我的感觉误认为在物的属性，现在我们却把无生气的东西看成有生气的东西，把它们看作我们的侪辈，觉得它们也有性格，也有情感，也能活动。这两种说话的方法虽不同，道理却是一样，都是根据自己的经验来了解外物。这种心理活动通常叫做"移情作用"。

"移情作用"是把自己的情感移到外物身上去，仿佛觉得外物也有同样的情感。这是一个极普遍的经验。自己在欢喜时，大地山河都在扬眉带笑；自己在悲伤时，风云花鸟都在叹气凝愁。惜别时蜡烛可以垂泪，兴到时青山亦觉点头。柳絮有时"轻狂"，晚峰有时"清苦"。陶渊明何以爱菊呢？因为他在傲霜残枝中见出孤臣的劲节；林和靖何以爱梅呢？因为他在暗香疏影中见出隐者的高标。

从这几个实例看，我们可以看出移情作用是和美感经验有密切关系的。移情作用不一定就是美感经验，而美感经验却常含有移情作用。美感经验中的移情作用不单是由我及物的，同时也是由物及我的；它不仅把我的性格和情感移注于物，同时也把物的姿态吸收于我。所谓美感经验，其实不过是在聚精会神之中，我的情趣和物的情趣往复回流而已。

姑先说欣赏自然美。比如我在观赏一棵古松，我的心境是什么样状态呢？我的注意力完全集中在古松本身的形相上，我的意识之中除了古松的意象之外，一无所有。在这个时候，我的实用的意志和科学的思考都完全失其作用，我没有心思去分别我是我而古松是古松。古松的形相引起清风亮节的类似联想，我心中便隐约觉到清风亮节所常伴着的情感。因为我忘记古松和我是两件事，我就于无意之中把这种清风亮节的气概移置古松上面去，仿佛古松原来就有这种性格。同时我又不知不觉地受古松的这种性格影响，自己也振作起来，摹仿它那一副苍老劲拔的姿态。所以古松俨然变成一个人，人也俨然变成一棵古松。真正的美感经验都是如此，都要达到物我同一的境界；在物我同一的境界中，移情作用最容易发生，因为我们根本就不分辨所生的情感到底是属于我还是属于物的。

再说欣赏艺术美，比如说听音乐。我们常觉得某种乐调快活，某种乐调悲伤。乐调自身本来只有高低、长短、急缓、宏纤的分别，而不能有快乐和悲伤的分别。换句话说，乐调只能有物理而不能有人情。我们何以觉得这本来只有物理的东西居然有人情呢？这也是由于移情作用。这里的移情作用是如何起来的呢？音乐的命脉在节奏。节奏就是长短、高低、急缓、宏纤相继承的关系。这些关系前后不同，听者所费的心力和所用的心的活动也不一致。因此听者心中自起一种节奏和音乐的节奏相平行。听一曲高而缓的调子，心力也随之作一种高而缓的活动；听一曲低而急的调子，心力也随之作一种低而急的活动。这种高而缓或是低而急的心力活动，常蔓延浸润到全部心境，使它变成和高而缓的活动或是低而急的活动相同调，于是听者心中遂感觉一种欢欣鼓舞或是抑郁凄恻的情调。这种情调本来属于听者，在聚精会神之中，他把这种情调外射出去，于是音乐也就有快乐和悲伤的分别了。

再比如说书法。书法在中国向来自成艺术，和图画有同等的身分，近来才有人怀疑它是否可以列于艺术，这般人大概是看到西方艺术史中向来不留位置给书法，所以觉得中国人看重书法有些离奇。其实书法可列于艺术，是无可置疑的。它可以表现性格和情趣。颜鲁公的字就像颜鲁公，赵孟頫的字就像赵孟頫。所以字也可以说是抒情的，不但是抒情的，而且是可以引起移情作用的。横直钩点等等笔划原来是墨涂的痕迹，它们不是高人雅士，原来没有什么"骨力"、"姿态"、"神韵"和"气魄"。但是在名家书法中我们常觉到"骨力"、"姿态"、"神韵"和"气魄"。我们说柳公权的字"劲拔"，赵孟頫的字"秀媚"，这都是把墨涂的痕迹看作有生气有性格的东西，都是把字在心中所引起的意象移到字的本身上面去。

移情作用往往带有无意的摹仿。我在看颜鲁公的字时，仿佛对着巍峨的高峰,不知不觉地耸肩聚眉,全身的筋肉都紧张起来,摹仿它的严肃;我在看赵孟𫖯的字时,仿佛对着临风荡漾的柳条,不知不觉地展颐摆腰,全身的筋肉都松懈起来,摹仿它的秀媚。从心理学看,这本来不是奇事。凡是观念都有实现于运动的倾向。念到跳舞时脚往往不自主地跳动,念到"山"字时口舌往往不由自主地说出"山"字。通常观念往往不能实现于动作者,由于同时有反对的观念阻止它。同时念到打球又念到泅水,则既不能打球,又不能泅水。如果心中只有一个观念,没有旁的观念和它对敌,则它常自动地现于运动。聚精会神看赛跑时,自己也往往不知不觉地弯起胳膊动起脚来,便是一个好例。在美感经验之中,注意力都是集中在一个意象上面,所以极容易起摹仿的运动。

移情的现象可以称之为"宇宙的人情化",因为有移情作用然后本来只有物理的东西可具人情,本来无生气的东西可有生气。从理智观点看,移情作用是一种错觉,是一种迷信。但是如果把它勾消,不但艺术无由产生,即宗教也无由出现。艺术和宗教都是把宇宙加以生气化和人情化,把人和物的距离以及人和神的距离都缩小。它们都带有若干神秘主义的色彩。所谓神秘主义其实并没有什么神秘,不过是在寻常事物之中见出不寻常的意义。这仍然是移情作用。从一草一木之中见出生气和人情以至于极玄奥的泛神主义,深浅程度虽有不同,道理却是一样。

美感经验既是人的情趣和物的姿态的往复回流,我们可以从这个前提中抽出两个结论来:

一、物的形相是人的情趣的返照。物的意蕴深浅和人的性分密切相关。深人所见于物者亦深，浅人所见于物者亦浅。比如一朵含露的花，在这个人看来只是一朵平常的花，在那个人看或以为它含泪凝愁，在另一个人看或以为它能象征人生和宇宙的妙谛。一朵花如此，一切事物也是如此。因我把自己的意蕴和情趣移于物，物才能呈现我所见到的形相。我们可以说，各人的世界都由各人的自我伸张而成。欣赏中都含有几分创造性。

二、人不但移情于物，还要吸收物的姿态于自我，还要不知不觉地摹仿物的形相。所以美感经验的直接目的虽不在陶冶性情，而却有陶冶性情的功效。心里印着美的意象，常受美的意象浸润，自然也可以少存些浊念。苏东坡诗说：

　　　　宁可食无肉，不可居无竹；无肉令人瘦，无竹令人俗。

竹不过是美的形相之一种，一切美的事物都有不令人俗的功效。

四 希腊女神雕像和血色鲜丽的英国姑娘

——美感与快感

我在以上三章所说的话都是回答"美感是什么"一个问题。我们说过,美感起于形相的直觉。它有两个要素:

一、目前意象和实际人生之中有一种适当的距离。我们只观赏这种孤立绝缘的意象,一不问它和其他事物的关系如何,二不问它对于人的效用如何。思考和欲念都暂时失其作用。

二、在观赏这种意象时,我们处于聚精会神以至于物我两忘的境界,所以于无意之中以我的情趣移注于物,以物的姿态移注于我。这是一种极自由的(因为是不受实用目的牵绊的)活动,说它是欣赏也可,说它是创造也可,美就是这种活动的产品,不是天生现成的。

这是我们的立脚点。在这个立脚点上站稳,我们可以打倒许多关于美感的误解。在以下两三章里我要说明美感不是许多人所想像的那么一回事。

我们第一步先打倒享乐主义的美学。

"美"字是不要本钱的,喝一杯滋味好的酒,你称赞它"美",看见一朵颜色很鲜明的花,你称赞它"美",碰见一位年轻姑娘,你称赞她"美",读一首诗或是看一座雕像,你也还是称赞它"美"。这些经验显然不尽是一致的。究竟什么样才算"美"呢?一般人虽然不知道什么叫做"美",但是都知道什么样就是愉快。拿一幅画给一个小孩子或是未受艺术教育的人看,征求他的意见,他总是说"很好看"。如果追问他"它何以好看?"他不外是回答说:"我欢喜看它,看了它就觉得很愉快。"通常人所谓"美"大半就是指"好看",指"愉快"。

不仅是普通人如此,许多声名煊赫的文艺批评家也把美感和快感混为一件事。英国十九世纪有一位学者叫做罗斯金,他著过几十册书谈建筑和图画,就曾经很坦白地告诉人说:"我从来没有看见过一座希腊女神雕像,有一位血色鲜丽的英国姑娘的一半美。"从愉快的标准看,血色鲜丽的姑娘引诱力自然是比女神雕像的大;但是你觉得一位姑娘"美"和你觉得一座女神雕像"美"时是否相同呢?《红楼梦》

里的刘姥姥想来不一定有什么风韵，虽然不能邀罗斯金的青眼，在艺术上却仍不失其为美。一个很漂亮的姑娘同时做许多画家的"模特儿"，可是她的画像在一百张之中不一定有一张比得上伦勃朗（荷兰人物画家）的"老太婆"。英国姑娘的"美"和希腊女神雕像的"美"显然是两件事，一个是只能引起快感的，一个是只能引起美感的。罗斯金的错误在把英国姑娘的引诱性做"美"的标准，去测量艺术作品。艺术是另一世界里的东西，对于实际人生没有引诱性，所以他以为比不上血色鲜丽的英国姑娘。

美感和快感究竟有什么分别呢？有些人见到快感不尽是美感，替它们勉强定一个分别来，却又往往不符事实。英国有一派主张"享乐主义"的美学家就是如此。他们所见到的分别彼此又不一致。有人说耳、目是"高等感官"，其余鼻、舌、皮肤、筋肉等等都是"低等感官"，只有"高等感官"可以尝到美感而"低等感官"则只能尝到快感。有人说引起美感的东西可以同时引起许多人的美感，引起快感的东西则对于这个人引起快感，对于那个人或引起不快感。美感有普遍性，快感没有普遍性。这些学说在历史上都发生过影响，如果分析起来，都是一钱不值。拿什么标准说耳、目是"高等感官"？耳、目得来的有些是美感，有些也只是快感，我们如何去分别？"客去茶香余舌本"，"冰肌玉骨，自清凉无汗"等名句是否与"低等感官"不能得美感之说相容？至于普遍不普遍的话更不足为凭。口腹有同嗜而艺术趣味却往往随人而异。陈年花雕是吃酒的人大半都称赞它美的，一般人却不能欣赏后期印象派的图画。我曾经听过一位很时髦的英国老太婆说道:"我从来没有见过比金字塔再拙劣的东西。"

从我们的立脚点看,美感和快感是很容易分别的。美感与实用活动无关,而快感则起于实际要求的满足。口渴时要喝水,喝了水就觉到快感;腹饥时要吃饭,吃了饭也就觉到快感。喝美酒所得的快感由于味感得到所需要的刺激,和饱食暖衣的快感同为实用的,并不是起于"无所为而为"的形相的观赏。至于看血色鲜丽的姑娘,可以生美感也可以不生美感。如果你觉得她是可爱的,给你做妻子你还不讨厌她,你所谓"美"就只是指合于满足性欲需要的条件,"美人"就只是指对于异性有引诱力的女子。如果你见了她不起性欲的冲动,只把她当作线纹匀称的形相看,那就和欣赏雕像或画像一样了。美感的态度不带意志,所以不带占有欲。在实际上性欲本能是一种最强烈的本能,看见血色鲜丽的姑娘而能"心如古井"地不动,只一味欣赏曲线美,是一般人所难能的。所以就美感说,罗斯金所称赞的血色鲜丽的英国姑娘对于实际人生距离太近,不一定比希腊女神雕像的价值高。

谈到这里,我们可以顺便地说一说弗洛伊德派心理学在文艺上的应用。大家都知道,弗洛伊德把文艺都认为性欲的表现。性欲是最原始最强烈的本能,在文明社会里,它受道德、法律种种社会的牵制,不能得充分的满足,于是被压抑到"隐意识"里去成为"情意综"。但是这种被压抑的欲望还是要偷空子化装求满足。文艺和梦一样,都是欲望带着假面具逃开意识的检察。举一个例来说,男子通常都特别爱母亲,女子通常都特别爱父亲。依弗洛伊德看,这就是性爱。这种性爱是反乎道德、法律的,所以被压抑下去,在男子则成"俄狄浦斯情意综", 在女子则成"厄勒克特拉情意综"。这两个奇怪的名词是怎样讲呢? 俄狄浦斯原来是古希腊的一个王子, 曾于无意中弑父娶母, 所以他可以象征子对于母的性爱。厄勒克特拉是古希腊的一个公主, 她的母亲爱了一个男子, 把丈夫杀了, 她怂恿她的兄弟把母亲杀了, 替父亲报仇, 所以她可以象征女对于父的性爱。在许多民族的神话里面, 伟大的人物都有母而无父, 耶稣和孔子就是著例, 耶稣是上帝授胎的, 孔子之母祷于尼丘而生孔子。在弗洛伊德派学者看, 这都是"俄狄浦斯情意综"的表现。许多文艺作品都可以用这种眼光来看, 都是被压抑的性欲因化装而得满足。

依这番话看, 弗洛伊德的文艺观还是要纳到享乐主义里去, 他自己就常欢喜用"快感原则"一个名词。在我们看, 他的毛病也在把快感和美感混起, 把艺术的需要和实际人生的需要混起。美感经验的特点在"无所为而为"地观赏形相。在创造或欣赏的一刹那中, 我们不能仍然在所表现的情感里过活, 一定要站在客位把这种情感当一幅意象去观赏。如果作者写性爱小说, 读者看性爱小说, 都是为着满足自己的性欲, 那就无异于为着饥而吃饭, 为着冷而穿衣, 只是实用的活动而不是美感的活动了。文艺的内容尽管有关性欲, 可是我们在创造或欣赏时却不能同时受性欲冲动的驱遣, 须站在客位把它当作形相看。世间自然也有许多人欢喜看淫秽的小说去刺激性欲或是满足性欲, 但是他们所得的并不是美感。弗洛伊德派的学者的错处不在主张文艺常是满足性欲的工具, 而在把这种满足认为美感。

美感经验是直觉的而不是反省的。在聚精会神之中我们既忘去自我，自然不能觉到我是否欢喜所观赏的形相，或是反省这形相所引起的是不是快感。我们对于一件艺术作品欣赏的浓度愈大，就愈不觉自己是在欣赏它，愈不觉到所生的感觉是愉快的。如果自己觉到快感，我便是由直觉变而为反省，好比提灯寻影，灯到影灭，美感的态度便已失去了。美感所伴的快感，在当时都不觉得，到过后才回忆起来。比如读一首诗或是看一幕戏，当时我们只是心领神会，无暇他及，后来回想，才觉得这一番经验很愉快。

这个道理一经说破，本来很容易了解。但是许多人因为不明白这个很浅显的道理，遂走上迷路。近来德国和美国有许多研究"实验美学"的人就是如此。他们拿一些颜色、线形或是音调来请受验者比较，问他们欢喜哪一种，讨厌哪一种，然后作出统计来，说某种颜色是最美的，某种线形是最丑的。独立的颜色和画中的颜色本来不可相提并论。在艺术上部分之和并不等于全体，而且最易引起快感的东西也不一定就美。他们的错误是很显然的。

五 "记得绿罗裙，处处怜芳草"

——美感与联想

美感与快感之外，还有一个更易惹误解的纠纷问题，就是美感与联想。

什么叫做联想呢？联想就是见到甲而想到乙。甲唤起乙的联想通常不外起于两种原因：或是甲和乙在性质上相类似，例如看到春光想起少年，看到菊花想到节士；或是甲和乙在经验上曾相接近，例如看到扇子想起萤火虫，走到赤壁想起曹孟德或苏东坡。类似联想和接近联想有时混在一起，牛希济的"记得绿罗裙，处处怜芳草"两句词就是好例。词中主人何以"记得绿罗裙"呢？因为罗裙和他的欢爱者相接近，他何以"处处怜芳草"呢？因为芳草和罗裙的颜色相类似。

意识在活动时就是联想在进行，所以我们差不多时时刻刻都在起联想。听到声音知道说话的是谁，见到一个字知道它的意义，都是起于联想作用。联想是以旧经验诠释新经验，如果没有它，知觉、记忆和想像都不能发生，因为它们都根据过去的经验。从此可知联想为用之广。

联想有时可以意志控制，作文构思时或追忆一时记不起的过去经验时，都是勉强把联想挤到一条路上去走。但是在大多数情境之中，联想是自由的、无意的、飘忽不定的。听课读书时本想专心，而打球、散步、吃饭、邻家的猫儿种种意象总是不由你自主地闯进脑里来，失眠时越怕胡思乱想，越禁止不住胡思乱想。这种自由联想好比水流湿、火就燥，稍有勾搭，即被牵绊，未登九天，已入黄泉。比如我现在从"火"字出发，就想到红、石榴、家里的天井、浮山、雷鲤的诗、鲤鱼、孔夫子的儿子等等，这个联想线索前后相承，虽有关系可寻，但是这些关系都是偶然的。我的"火"字的联想线索如此，换一个人或是我自己在另一时境，"火"字的联想线索却另是一样。从此可知联想的散漫飘忽。

联想的性质如此。多数人觉得一件事物美时，都是因为它能唤起甜美的联想。

在"记得绿罗裙，处处怜芳草"的人看，芳草是很美的。颜色心理学中有许多同类的事实。许多人对于颜色都有所偏好，有人偏好红色，有人偏好青色，有人偏好白色。据一派心理学家说，这都是由于联想作用。例如红是火的颜色，所以看到红色可以使人觉得温暖；青是田园草木的颜色，所以看到青色可以使人想到乡村生活的安闲。许多小孩子和乡下人看画，都只是欢喜它的花红柳绿的颜色。有些人看画，欢喜它里面的故事，乡下人欢喜把孟姜女、薛仁贵、《桃园三结义》的图糊在壁上做装饰，并不是因为那些木板雕刻的图好看，是因为它们可以提起许多有趣故事的联想。这种脾气并不只是乡下人才有。我每次陪朋友们到画馆里去看画，见到他们所特别注意的第一是几张有声名的画，第二是有历史性的作品如耶稣临刑图、拿破仑结婚图之类，像伦勃朗所画的老太公、老太婆，和后期印象派的山水风景之类的作品，他们却不屑一顾。此外又有些人看画（和看一切其他艺术作品一样），偏重它所含的道德教训。理学先生看到裸体雕像或画像，都不免起若干嫌恶。记得詹姆斯在他的某一部书里说过有一次见过一位老修道妇，站在一幅耶稣临刑图面前合掌仰视，悠然神往。旁边人问她那幅画何如，她回答说；"美极了，你看上帝是多么仁慈，让自己的儿子被牺牲，来赎人类的罪孽！"

　　在音乐方面，联想的势力更大。多数人在听音乐时，除了联想到许多美丽的意象之外，便别无所得。他们欢喜这个调子，因为它使他们想起清风明月；不欢喜那个调子，因为它唤醒他们以往的悲痛的记忆。锺子期何以负知音的雅名？他听伯牙弹琴时，惊叹说："善哉！峨峨兮若泰山，洋洋兮若江河。"李顾在胡笳声中听到什么？他听到的是"空山百鸟散还合，万里浮云阴且晴。"白乐天在琵琶声中听到什么？他听到的是"银瓶乍破水浆进，铁骑突出刀枪鸣。"苏东坡怎样形容洞箫？他说："其声呜呜然，如怨如慕，如泣如诉。余音袅袅，不绝如缕。舞幽谷之潜蛟，泣孤舟之嫠妇。"这些数不尽的例子都可以证明多数人欣赏音乐，都是欣赏它所唤起的联想。

联想所伴的快感是不是美感呢？

历来学者对于这个问题可分两派，一派的答案是肯定的，一派的答案是否定的。这个争辩就是在文艺思潮史中闹得很凶的形式和内容的争辩。依内容派说，文艺是表现情思的，所以文艺的价值要看它的情思内容如何而决定。第一流文艺作品都必有高深的思想和真挚的情感。这句话本来是不可辩驳的。但是侧重内容的人往往从这个基本原理抽出两个其他的结论，第一个结论是题材的重要。所谓题材就是情节。他们以为有些情节能唤起美丽堂皇的联想，有些情节只能唤起丑陋凡庸的联想。比如做史诗和悲剧，只应采取英雄为主角，不应采取愚夫愚妇。第二个结论就是文艺应含有道德的教训。读者所生的联想既随作品内容为转移，则作者应设法把读者引到正经路上去，不要用淫秽卑鄙的情节摇动他的邪思。这些学说发源较早，它们的影响到现在还是很大。从前人所谓"思无邪"、"言之有物"、"文以载道"，现在人所谓"哲理诗"、"宗教艺术"、"革命文学"等等，都是侧重文艺的内容和文艺的无关美感的功效。

这种主张在近代颇受形式派的攻击，形式派的标语是"为艺术而艺术"。他们说，两个画家同用一个模特儿，所成的画价值有高低；

两个文学家同用一个故事，所成的诗文意蕴有深浅。许多大学问家、大道德家都没有成为艺术家，许多艺术家并不是大学问家、大道德家。从此可知艺术之所以为艺术，不在内容而在形式。如果你不是艺术家，纵有极好的内容，也不能产生好作品出来；反之，如果你是艺术家，极平庸的东西经过灵心妙运点铁成金之后，也可以成为极好的作品。印象派大师如莫奈、梵高诸人不是往往在一张椅子或是几间破屋之中表现一个情深意永的世界出来么？这一派学说到近代才逐渐占势力。在文学方面的浪漫主义，在图画方面的印象主义，尤其是后期印象主义，在音乐方面的形式主义，都是看轻内容的。单拿图画来说，一般人看画，都先问里面画的是什么，是怎样的人物或是怎样的故事。这些东西在术语上叫做"表意的成分"。近代有许多画家就根本反对画中有任何"表意的成分"。看到一幅画，他们只注意它的颜色、线纹和阴影，不问它里面有什么意义或是什么故事。假如你看到这派的作品，你起初只望见许多颜色凑合在一起，须费过一番审视和猜度，才知道所画的是房子或是崖石。这一派人是最反对杂联想于美感的。

这两派的学说都持之有故，言之成理，我们究竟何去何从呢？我们否认艺术的内容和形式可以分开来讲（这个道理以后还要谈到），不过关于美感与联想这个问题，我们赞成形式派的主张。

就广义说，联想是知觉和想像的基础，艺术不能离开知觉和想像，就不能离开联想。但是我们通常所谓联想，是指由甲而乙，由乙而丙，展转不止的乱想。就这个普通的意义说，联想是妨碍美感的。

美感起于直觉，不带思考，联想却不免带有思考。在美感经验中我们聚精会神于一个孤立绝缘的意象上面，联想则最易使精神涣散，注意力不专一，使心思由美感的意象旁迁到许多无关美感的事物上面去。在审美时我看到芳草就一心一意地领略芳草的情趣；在联想时我看到芳草就想到罗裙，又想到穿罗裙的美人，既想到穿罗裙的美人，心思就已不复在芳草了。

联想大半是偶然的。比如说，一幅画的内容是"西湖秋月"，如果观者不聚精会神于画的本身而信任联想，则甲可以联想到雷峰塔，乙可以联想到往日同游西湖的美人，这些联想纵然有时能提高观者对于这幅画的好感，画本身的美却未必因此而增加，而画所引起的美感则反因精神涣散而减少。

知道这番道理，我们就可以知道许多通常被认为美感的经验其实并非美感了。假如你是武昌人，你也许特别欢喜崔颢的《黄鹤楼》诗；假如你是陶渊明的后裔，你也许特别欢喜《陶集》，假如你是道德家，你也许特别欢喜《打鼓骂曹》的戏或是韩退之的《原道》；假如你是古董贩，你也许特别欢喜河南新出土的龟甲文或是敦煌石室里面的壁画；假如你知道达·芬奇的声名大，你也许特别欢喜他的《蒙娜丽莎》。这都是自然的倾向，但是这都不是美感，都是持实际人的态度，在艺术本身以外求它的价值。

六 "灵魂在杰作中的冒险"

——考证、批评与欣赏

把快感认为美感，把联想认为美感，是一般人的误解，此外还有一种误解是学者们所特有的，就是把考证和批评认为欣赏。

在这里我不妨稍说说自己的经验。我自幼就很爱好文学。在我所谓"爱好文学"，就是欢喜哼哼有趣味的诗词和文章。后来到外国大学读书，就顺本来的偏好，决定研究文学。在我当初所谓"研究文学"，原来不过是多哼哼有趣味的诗词和文章。我以为那些外国大学的名教授可以告诉我哪些作品有趣味，并且向我解释它们何以有趣味的道理。我当时隐隐约约地觉得这门学问叫做"文学批评"，所以在大学里就偏重"文学批评"方面的功课。哪知道我费过五六年的工夫，所领教的几乎完全不是我原来所想望的。

比如拿莎士比亚这门功课来说，教授在讲堂上讲些什么呢？现在英国，学者最重"版本的批评"。他们整年地讲莎士比亚的某部剧本在某一年印第一次"四折本"，某一年印第一次"对折本"，"四折本"和"对折本"有几次翻印，某一个字在第一次"四折本"怎样写，后来在"对折本"里又改成什么样，某一段在某版本里为阙文，某一个字是后来某个编辑者校改的。在我只略举几点已经就够使你看得不耐烦了，试想他们费毕生的精力做这种勾当！

自然他们不仅讲这一样，他们也很重视"来源"的研究。研究"来源"的问些什么问题呢？莎士比亚大概读过些什么书？他是否懂得希腊文？他的《哈姆雷特》一部戏是根据哪些书？这些书他读时是用原文还是用译本？他的剧中情节和史实有哪几点不符？为着要解决这些问题，学者们个个在埋头于灰封虫咬的向来没有人过问的旧书堆中，寻求他们的所谓"证据"。

此外他们也很重视"作者的生平"。莎士比亚生前操什么职业？几岁到伦敦当戏子？他少年偷鹿的谣传是否确实？他的十四行诗里所说的"黑姑娘"究竟是谁？"哈姆雷特"是否是莎士比亚现身说法？当时伦敦有几家戏院？他和这些戏院和同行戏子的关系如何？他死时的遗嘱能否见出他和他的妻子的情感？为着这些问题，学者跑到法庭里翻几百年前的文案，跑到官书局里查几百年前的书籍登记簿，甚至于跑到几座古老的学校去看看墙壁上和板凳上有没有或许是莎士比亚划的简笔姓名。他们如果寻到片纸只字，就以为是至宝。

这三种工夫合在一块讲，就是中国人所说的"考据学"。我的讲莎士比亚的教师除了这种考据学以外，自己不做其他的工夫，对于我们学生们也只讲他所研究的那一套，至于剧本本身，他只让我们凭我们自己的能力去读，能欣赏也好，不能欣赏也好，他是不过问的，像他这一类的学者在中国向来就很多，近来似乎更时髦。许多人是把"研究文学"和"整理国故"当作一回事。从美学观点来说，我们对于这种考据的工作应该发生何种感想呢？

考据所得的是历史的知识。历史的知识可以帮助欣赏而却不是欣赏本身。欣赏之前要有了解。了解是欣赏的预备，欣赏是了解的成熟。只就欣赏说，版本、来源以及作者的生平都是题外事，因为美感经验全在欣赏形相本身，注意到这些问题，就是离开形相本身。但是就了解说，这些历史的知识却非常重要。例如要了解曹子建的《洛神赋》，就不能不知道他和甄后的关系；要欣赏陶渊明的《饮酒》诗，就不能不先考定原本中到底是"悠然望南山"还是"悠然见南山"。

了解和欣赏是互相补充的。未了解决不足以言欣赏，所以考据学是基本的工夫。但是只了解而不能欣赏，则只是做到史学的工夫，却没有走进文艺的领域。一般富于考据癖的学者通常都不免犯两种错误。第一种错误就是穿凿附会。他们以为作者一字一划都有来历，于是拉史实来附会它。他们不知道艺术是创造的，虽然可以受史实的影响，却不必完全受史实的支配。《红楼梦》一部书有多少"考证"和"索隐"？它的主人究竟是纳兰成德，是清朝某个皇帝，还是曹雪芹自己？"红学"家大半都忘记艺术生于创造的想像，不必实有其事。考据家的第二种错误在因考据而忘欣赏。他们既然把作品的史实考证出来之后，便以为能事已尽，而不进一步去玩味玩味。他们好比食品化学专家，把一席菜的来源、成分以及烹调方法研究得有条有理之后，便袖手旁观，不肯染指。就我个人说呢，我是一个饕餮汉，对于这班考据家的苦心孤诣虽是十二分的敬佩和感激，我自己却不肯学他们那样"斯文"，我以为最要紧的事还是伸箸把菜取到口里来咀嚼，领略领略它的滋味。

在考据学者们自己看，考据就是一种批评。但是一般人所谓批评，意义实不仅如此。所以我当初想望研究文学批评，而教师却只对我讲版本来源种种问题，我很惊讶，很失望。普通意义的批评究竟是什么呢？这也并没有定准，向来批评学者有派别的不同，所认到的批评的意义也不一致。我们把他们区分起来，可以得四大类。

第一类批评学者自居"导师"的地位。他们对于各种艺术先抱有一种理想而自己却无能力把它实现于创作，于是拿这个理想来期望旁人。他们欢喜向创作家发号施令，说小说应该怎样做，说诗要用音韵或是不要用音韵，说悲剧应该用伟大人物的材料，说文艺要含有道德的教训，如此等类的教条不一而足。他们以为创作家只要遵守这些教条，就可以做出好作品来。坊间所流行的《诗学法程》、《小说作法》、

《作文法》等等书籍的作者都属于这一类。

第二类批评学者自居"法官"地位。"法官"要有"法"，所谓"法"便是"纪律"。这班人心中预存几条纪律，然后以这些纪律来衡量一切作品，和它们相符合的就是美，违背它们的就是丑。这种"法官"式的批评家和上文所说的"导师"式的批评家常合在一起。他们最好的代表是欧洲假古典主义的批评家。"古典"是指古希腊和罗马的名著，"古典主义"就是这些名著所表现的特殊风格，"假古典主义"就是要把这种特殊风格定为"纪律"让创作家来摹仿。处"导师"的地位，这派批评家向创作家发号施令说："从古人的作品中我们抽绎出这几条纪律，你要谨遵无违，才有成功的希望！"处"法官"的地位，他们向创作家下批语说："亚理斯多德明明说过坏人不能做悲剧主角，你莎士比亚何以要用一个杀皇帝的麦克白？做诗用字忌俚俗，你在麦克白的独语中用'刀'字，刀是屠户和厨夫的用具，拿来杀皇帝，岂不太损尊严，不合纪律？"（"刀"字的批评出诸约翰逊，不是我的杜撰。）这种批评的价值是很小的。文艺是创造的，谁能拿死纪律来范围活作品？谁读《诗歌作法》如法炮制而做成好诗歌？

第三类批评学者自居"舌人"的地位。"舌人"的功用在把外乡话翻译为本地话，叫人能懂得。站在"舌人"的地位的批评家说："我不敢发号施令，我也不敢判断是非，我只把作者的性格、时代和环境以及作品的意义解剖出来，让欣赏者看到易于明了。"这一类批评家又可细分为两种。一种如法国的圣伯夫，以自然科学的方法去研究作者的心理，看他的作品与个性、时代和环境有什么关系。一种为注疏家和上文所说的考据家，专以追溯来源、考订字句和解释意义为职务。这两种批评家的功用在帮助了解，他们的价值我们在上文已经说过的。

第四类就是近代在法国闹得很久的印象主义的批评。属于这类的学者所居的地位可以说是"饕餮者"的地位。"饕餮者"只贪美味，尝到美味便把它的印象描写出来。他们的领袖是法朗士，他曾经说过："依我看来，批评和哲学与历史一样，只是一种给深思好奇者看的小说；一切小说，精密地说起来，都是一种自传。凡是真批评家都只叙述他的灵魂在杰作中的冒险。"这是印象派批评家的信条。他们反对"法官"式的批评，因为"法官"式的批评相信美丑有普遍的标准，印象派则主张各人应以自己的嗜好为标准，我自己觉得一个作品好就说它好，否则它虽然是人人所公认为杰作的《荷马史诗》，我也只把它和许多我所不欢喜的无名小卒一样看待。他们也反对"舌人"式的批评，因为"舌人"式的批评是科学的、客观的，印象派则以为批评应该是艺术的、主观的，它不应像餐馆的使女只捧菜给人吃，应该亲去尝菜的味道。

一般讨论读书方法的书籍往往劝读者持"批评的态度"。这所谓"批评"究竟取哪一个意义呢？它大半是指"判断是非"。所谓持"批评的态度"去读书，就是说不要"尽信书"，要自己去分判书中何者为真，何者为伪，何者为美，何者为丑。这其实就是"法官"式的批评。这种"批评的态度"和"欣赏的态度"（就是美感的态度）是相反的。批评的态度是冷静的、不杂情感的，其实就是我们在开头时所说的"科学的态度";欣赏的态度则注重我的情感和物的姿态的交流。批评的态度须用反省的理解,欣赏的态度则全凭直觉。批评的态度预存有一种美丑的标准,把我放在作品之外去评判它的美丑;欣赏的态度则忌杂有任何成见,把我放在作品里面去分享它的生命。遇到文艺作品如果始终持批评的态度,则我是我而作品是作品,我不能沉醉在作品里面,永远得不到真正的美感的经验。

印象派的批评可以说就是"欣赏的批评"。就我个人说,我是倾向这一派的,不过我也明白它的缺点。印象派往往把快感误认为美感。在文艺方面,各人的趣味本来有高低。比如看一幅画,"内行"有"内行"的印象,"外行"有"外行"的印象,这两种印象的价值是否相同呢?我小时候欢喜读《花月痕》和《吕东莱博议》一类的东西,现在回想起来不禁赧颜,究竟是我从前对还是现在对呢?文艺虽无普遍的纪律,而美丑的好恶却有一个道理。遇见一个作品,我们只说:"我觉得它好"还不够,我们还应说出我何以觉得它好的道理。说出道理就是一般人所谓批评的态度了。

总而言之,考据不是欣赏,批评也不是欣赏,但是欣赏却不可无考据与批评。从前老先生们太看重考据和批评的工夫,现在一般青年又太不肯做脚踏实地的工夫,以为有文艺的嗜好就可以谈文艺,这都是很大的错误。

七　"情人眼底出西施"

——美与自然

　　我们关于美感的讨论，到这里可以告一段落了，现在最好把上文所说的话回顾一番，看我们已经占住了多少领土。美感是什么呢？从积极方面说，我们已经明白美感起于形相的直觉，而这种形相是孤立自足的，和实际人生有一种距离；我们已经见出美感经验中我和物的关系，知道我的情趣和物的姿态交感共鸣，才见出美的形相。从消极方面说，我们已经明白美感一不带意志欲念，有异于实用态度，二不带抽象思考，有异于科学态度；我们已经知道一般人把寻常快感、联想，以及考据与批评认为美感的经验是一种大误解。

美生于美感经验，我们既然明白美感经验的性质，就可以进一步讨论美的本身了。

什么叫做美呢？

在一般人看，美是物所固有的。有些人物生来就美，有些人物生来就丑。比如称赞一个美人，你说她像一朵鲜花，像一颗明星，像一只轻燕，你决不说她像一个布袋，像一条犀牛或是像一只癞虾蟆。这就分明承认鲜花、明星和轻燕一类事物原来是美的，布袋、犀牛和癞虾蟆一类事物原来是丑的。说美人是美的，也犹如说她是高是矮是肥是瘦一样，她的高矮肥瘦是她的星宿定的，是她从娘胎带来的，她的美也是如此，和你看者无关。这种见解并不限于一般人，许多哲学家和科学家也是如此想。所以他们费许多心力去实验最美的颜色是红色还是蓝色，最美的形体是曲线还是直线，最美的音调是 G 调还是F 调。

但是这种普遍的见解显然有很大的难点，如果美本来是物的属性，则凡是长眼睛的人们应该都可以看到，应该都承认它美，好比一个人的高矮，有尺可量，是高大家就要都说高，是矮大家就要都说矮。但是美的估定就没有一个公认的标准。假如你说一个人美，我说她不美，你用什么方法可以说服我呢？有些人欢喜辛稼轩而讨厌温飞卿，有些人欢喜温飞卿而讨厌辛稼轩，这究竟谁是谁非呢？同是一个对象，有人说美，有人说丑，从此可知美本在物之说有些不妥了。

因此，有一派哲学家说美是心的产品。美如何是心的产品，他们的说法却不一致。康德以为美感判断是主观的而却有普遍性，因为人心的构造彼此相同。黑格尔以为美是在个别事物中见出"概念"或理想。比如你觉得峨嵋山美，由于它表现"庄严"、"厚重"的概念。你觉得《孔雀东南飞》美，由于它表现"爱"与"孝"两个理想的冲突。托尔斯泰以为美的事物都含有宗教和道德的教训。此外还有许多其他的说法。说法既不一致，就只有都是错误的可能而没有都是不错的可能，好比一个数学题生出许多不同的答数一样。大约哲学家们都犯过信理智的毛病，艺术的欣赏大半是情感的而不是理智的。在觉得一件事物美时，我们纯凭直觉，并不是在下判断，如康德所说的；也不是在从个别事物中见出普遍原理，如黑格尔、托尔斯泰一班人所说的；因为这些都是科学的或实用的活动，而美感并不是科学的或实用的活动。还不仅此，美虽不完全在物而却非与物无关。你看到峨嵋山才觉到庄严、厚重，看到一个小土墩却不能觉到庄严、厚重。从此可知物须先有使人觉到美的可能性，人不能完全凭心灵创出美来。

依我们看，美不完全在外物，也不完全在人心，它是心物婚媾后所产生的婴儿。美感起于形相的直觉。形相属物而却不完全属于物，因为无我即无由见出形相；直觉属我而却不完全属于我，因为无物则直觉无从活动。美之中要有人情也要有物理，二者缺一都不能见出美。再拿欣赏古松的例子来说，松的苍翠劲直是物理，松的清风亮节是人情。从"我"的方面说，古松的形相并非天生自在的，同是一棵古松，千万人所见到的形相就有千万不同，所以每个形相都是每个人凭着人情创造出来的，每个人所见到的古松的形相就是每个人所创造的艺术品，它有艺术品通常所具的个性，它能表现各个人的性分和情趣。从"物"的方面说，创造都要有创造者和所创造物，所创造物并非从无中生有，也要有若干材料，这材料也要有创造成美的可能性。松所生的意象和柳所生的意象不同，和癞虾蟆所生的意象又不同。所以松的形相这一个艺术品的成功，一半是我的供献，一半是松的供献。

这里我们要进一步研究我与物如何相关了。何以有些事物使我觉得美，有些事物使我觉得丑呢？我们最好用一个浅例来说明这个道理。比如我们看左列六条垂直线，往往把它们看成三个柱子，觉得这三个柱子所围的空间（即 a 与 b、c 与 d 和 e 与 f 所围的空间）离我们较近，而 b 与 c 以及 d 与 e 所围的空间则看成背景，离我们较远。还不仅此。我们把这六条垂直线摆在一块看，它们仿佛自成一个谐和的整体；至于 g 与 h 两条没有规律的线则仿佛是这整体以外的东西，如果勉强把它搭上前面的六条线一块看，就觉得它不和谐。

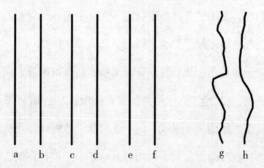

（1）a 与 b、c 与 d、e 与 f 距离都相等。

（2）b 与 c、d 与 e 距离相等，略大于 a 与 b 的距离。

（3）f 与 c 的距离较 b 与 c 的距离大。

（4）a、b、c、d、e、f 为六条平行垂直线，g 与 h 为两条没有规律的线。

从这个有趣的事实，我们可以看出两个很重要的道理：（一）最简单的形相的直觉都带有创造性。把六条垂直线看成三个柱子，就是直觉到一种形相。它们本来同是垂直线，我们把 a 和 b 选在一块看，却不把 b 和 c 选在一块看；同是直线所围的空间，本来没有远近的分别，我们却把 a、b 中空间看得近，把 b、c 中空间看得远。从此可知在外物者原来是散漫混乱，经过知觉的综合作用，才现出形相来。形相是心灵从混乱的自然中所创造成的整体。

（二）心灵把混乱的事物综合成整体的倾向却有一个限制，事物也要本来就有可综合为整体的可能性。a 至 f 六条线可以看成一个整体，g 与 h 两条线何以不能纳入这个整体里面去呢？这里我们很可以见出在觉美觉丑时心和物的关系。我们从左看到右时，看出 cd 和 ab 相似，de 又和 bc 相似。这两种相似的感觉便在心中形成一个有规律的节奏，使我们预料此后都可由此例推，右边所有的线都顺着左边诸线的节奏。视线移到 ef 两线时，所预料的果然出现，ef 果然与 cd 也相似。预料而中，自然发生一种快感。但是我们再向右看，看到 g 与 h 两线时，就猛然与前不同，不但 g 和 f 的距离猛然变大，原来是像柱子的平行垂直线，现在却是两条毫无规律的线。这是预料不中，所以引起不快感。因此 g 与 h 两线不但在物理方面和其他六条线不同，在情感上也和它们不能谐和的，所以被摈于整体之外。

这里所谓"预料"自然不是有意的，好比深夜下楼一样，步步都踏着一步梯，就无意中预料以下都是如此，倘若猛然遇到较大的距离，或是踏到平地，才觉得这是出于意料。许多艺术都应用规律和节奏，而规律和节奏所生的心理影响都以这种无意的预料为基础。

懂得这两层道理，我们就可以进一步来研究美与自然的关系了。一般人常欢喜说"自然美"，好像以为自然中已有美，纵使没有人去领略它，美也还是在那里。这种见解就是我们在上文已经驳过的美本在物的说法。其实"自然美"三个字，从美学观点看，是自相矛盾的，是"美"就不"自然"，只是"自然"就还没有成为"美"。说"自然美"就好比说上文六条垂直线已有三个柱子的形相一样。如果你觉得自然美，自然就已经过艺术化，成为你的作品，不复是生糙的自然了。比如你欣赏一棵古松，一座高山，或是一湾清水，你所见到的形相已经不是松、山、水的本色，而是经过人情化的。各人的情趣不同，所以各人所得于松、山、水的也不一致。

流行语中有一句话说得极好，"情人眼底出西施。"美的欣赏极似"柏拉图式的恋爱"。你在初尝恋爱的滋味时，本来也是寻常血肉做的女子却变成你的仙子。你所理想的女子的美点她都应有尽有。在这个时候，你眼中的她也不复是她自己原身而是经你理想化过的变形。你在理想中先酝酿成一个尽美尽善的女子，然后把她外射到你的爱人身上去，所以你的爱人其实不过是寄托精灵的躯骸。你只见到精灵，所以觉得无瑕可指；旁人冷眼旁观，只见到躯骸，所以往往诧异道："他爱上她，真是有些奇怪。"一言以蔽之，恋爱中的对象是已经艺术化过的自然。

美的欣赏也是如此，它也是把自然加以艺术化。所谓艺术化就是人情化和理想化。不过美的欣赏和寻常恋爱有一个重要的异点。寻常恋爱都带有很强烈的占有欲，你既恋爱一个女子，就有意无意地存有"欲得之而甘心"的态度。美感的态度则丝毫不带占有欲。一朵花无论是生在邻家的园子里或是插在你自己的瓶子里，你只要能欣赏，它都是一样美。老子所说的"为而不有，功成而不居"，可以说是美感态度的定义。古董商和书画金石收藏家大半都抱有"奇货可居"的态度，很少有能真正欣赏艺术的。我在上文说过，美的欣赏极似"柏拉图式的恋爱"，所谓"柏拉图式的恋爱"对于所爱者也只是无所为而为的欣赏，不带占有欲。这种恋爱是否可能，颇有人置疑，但是历史上有多少著例，凡是到极浓度的初恋者也往往可以达到胸无纤尘的境界。

八 "依样画葫芦"

——写实主义和理想主义的错误

　　从美学观点看，"自然美"虽是一个自相矛盾的名词，但是通常说"自然美"时所用的"美"字却另有一种意义，和说"艺术美"时所用的"美"字不应该混为一事。这个分别非常重要，我们须把它剖析清楚。

　　自然本来混整无别，许多分别都是从人的观点看出来的。离开人的观点而言，自然本无所谓真伪，真伪是科学家所分别出来以便利思想的；自然本无所谓善恶，善恶是伦理学家所分别出来以规范人类生活的。同理，离开人的观点而言，自然也本无所谓美丑，美丑是观赏者凭自己的性分和情趣见出来的。自然界唯一无二的固有的分别，只是常态与变态的分别。通常所谓"自然美"就是指事物的常态，所谓"自然丑"就是指事物的变态。

举个例来说，比如我们说某人的鼻子生得美，它大概应该像什么样子呢？太大的、太小的、太高的、太低的、太肥的、太瘦的鼻子都不能算得美。美的鼻子一定大小肥瘦高低件件都合式。我们说它不太高，说它件件都合式，这就是承认鼻子的大小高低等等原来有一个标准。这个标准是如何定出来的呢？你如果仔细研究，就可以发现它是取决多数，像选举投票一样。如果一百人之中有过半数的鼻子是一寸高，一寸就成了鼻高的标准。不及一寸高的鼻子就使人嫌它太低，超过一寸高的鼻子就使人嫌它太高。鼻子通常都是从上面逐渐高到下面来，所以称赞生得美的鼻子，我们往往说它"如悬胆"。如果鼻子上下都是一样粗细，像腊肠一样，或是鼻孔朝天露出，那就太稀奇古怪了，稀奇古怪便是变态。通常人说一件事丑，其实不过是因为它稀奇古怪。

照这样说，世间美鼻子应该多于丑鼻子，何以实在不然呢？自然美的难，难在件件都合式。高低合式的大小或不合式，大小合式的肥瘦或不合式。所谓"式"就是标准，就是常态，就是最普遍的性质。自然美为许多最普遍的性质之总和。就每个独立的性质说，它是最普遍的；但是就总和说，它却不可多得，所以成为理想，为人称美。

一切自然事物的美丑都可以作如是观。宋玉形容一个美人说：

> 天下之佳人莫若楚国，楚国之丽者莫若臣里，臣里之美者莫
> 若臣东家之子。东家之子增之一分则太长，减之一分则太短，著
> 粉则太白，施朱则太赤。

照这样说，美人的美就在安不上"太"字，一安上"太"字就不免有些丑了。"太"就是超过常态，就是稀奇古怪。

人物都以常态为美。健全是人体的常态，耳聋、口吃、面麻、颈肿、背驼、足跛都不是常态，所以都使人觉得丑。一般生物的常态是生气蓬勃，活泼灵巧。所以就自然美而论，猪不如狗，龟不如蛇，樗不如柳，老年人不如少年人。非生物也是如此。山的常态是巍峨，所以巍峨最易显出山的美；水的常态是浩荡明媚，所以浩荡明媚最易显出水的美。同理，花宜清香，月宜皎洁，春风宜温和，秋雨宜凄厉。

通常所谓"自然美"和"自然丑"，分析起来，意义不过如此。艺术上所谓美丑，意义是否相同呢？

一般人大半以为自然美和艺术美的对象和成因虽不同，而其为美则一。自然丑和艺术丑也是如此。这个普遍的误解酿成艺术史上两种表面相反而实在都是错误的主张，一是写实主义，一是理想主义。

写实主义是自然主义的后裔。自然主义起于法人卢梭。他以为上帝经手创造的东西，本来都是尽美尽善，人伸手进去搅扰，于是它们才被弄糟。人工造作，无论如何精巧，终比不上自然。自然既本来就

美,艺术家最聪明的办法就是摹仿它。在英人罗斯金看,艺术原来就是从摹仿自然起来的。人类本来住在露天的树林中,后来他们建筑房屋,仍然是以树林和天空为模型。建筑如此,其他艺术亦然。人工不敌自然,所以用人工去摹仿自然时,最忌讳凭己意选择去取。罗斯金说:

> 纯粹主义者拣选精粉,感官主义者杂取秕糠,至于自然主义则兼容并包,是粉就拿来制饼,是草就取来塞床。

这段话后来变成写实派的信条。写实主义最盛于十九世纪后半叶的法国,尤其是在小说方面。左拉是大家公认的代表。所谓写实主义就是完全照实在描写,愈像愈妙。比如描写一个酒店就要活像一个酒店,描写一个妓女就要活像一个妓女。既然是要像,就不能不详尽精确,所以写实派作者欢喜到实地搜集"凭据",把它们很仔细地写在笔记簿上,然后把它们整理一番,就成了作品。他们写一间房屋时至少也要用三五页的篇幅,才肯放松它。

这种艺术观的难点甚多,最显著的有两端。第一,艺术的最高目的既然只在摹仿自然,自然本身既已美了,又何必有艺术呢?如果妙肖自然,是艺术家的唯一能事,则寻常照相家的本领都比吴道子、唐六如高明了。第二,美丑是相对的名词,有丑然后才显得出美。如果你以为自然全体尽美,你看自然时便没有美丑的标准,便否认有美丑的比较,连"自然美"一个名词也没有意义了。

　　理想主义有见于此。依它说，自然中有美有丑，艺术只摹仿自然的美，丑的东西应丢开。美的东西之中又有些性质是重要的，有些性质是琐屑的，艺术家只选择重要的，琐屑的应丢开。这种理想主义和古典主义通常携手并行。古典主义最重"类型"，所谓"类型"就是全类事物的模子。一件事物可以代表一切其他同类事物时就可以说是类型。比如说画马，你不应该画得只像这匹马或是只像那匹马，你该画得像一切马，使每个人见到你的画都觉得他所知道的马恰是像那种模样。要画得像一切马，就须把马的特征、马的普遍性画出来，至于这匹马或那匹马所特有的个性则"琐屑"不足道。假如你选择某一匹马来做模型，它一定也要富于代表性。这就是古典派的类型主义。从此可知类型就是我们在上文所说的事物的常态，就是一般人的"自然美"。

　　这种理想主义似乎很能邀信任常识者的同情，但是它和近代艺术思潮颇多冲突。艺术不像哲学，它的生命全在具体的形相，最忌讳的是抽象化。凡是一个模样能套上一切人物时就不能适合于任何人，好比衣帽一样。古典派的类型有如几何学中的公理，虽然应用范围很广泛，却不能引起观者的切身的情趣。许多人所公有的性质，在古典派看，虽是精深，而在近代人看，却极平凡、粗浅。近代艺术所搜求的不是类型而是个性，不是彰明较著的色彩而是毫厘之差的阴影。直鼻子、横眼睛是古典派所谓类型。如果画家只能够把鼻子画直、眼睛画横，结果就难免千篇一律，毫无趣味。他应该能够把这个直鼻子所以异于其他直鼻子的，这个横眼睛所以异于其他横眼睛的地方表现出来，才算是有独到。

在表面上看，理想主义和写实主义似乎相反，其实它们的基本主张是相同的，它们都承认自然中本来就有所谓美，它们都以为艺术的任务在摹仿，艺术美就是从自然美摹仿得来的。它们的艺术主张都可以称为"依样画葫芦"的主义。它们所不同者，写实派以为美在自然全体，只要是葫芦，都可以拿来作画的模型；理想派则以为美在类型，画家应该选择一个最富于代表性的葫芦。严格地说，理想主义只是一种精炼的写实主义，以理想派攻击写实派，不过是以五十步笑百步罢了。

艺术对于自然，是否应该持"依样画葫芦"的态度呢？艺术美是否从摹仿自然美得来的呢？要回答这个问题，我们应该注意到两件事实：

一、自然美可以化为艺术丑。长在藤子上的葫芦本来很好看，如果你的手艺不高明，画在纸上的葫芦就不很雅观。许多香烟牌和月份牌上面的美人画就是如此，以人而论，面孔倒还端正，眉目倒还清秀；以画而论，则往往恶劣不堪。毛延寿有心要害王昭君，才把她画丑。世间有多少王昭君都被有善意而无艺术手腕的毛延寿糟蹋了。

二、自然丑也可以化为艺术美。本来是一个很丑的葫芦，经过大画家点铁成金的手腕，往往可以成为杰作。大醉大饱之后睡在床上放屁的乡下老太婆未必有什么风韵，但是我们谁不高兴看醉卧怡红院的刘姥姥？从前艺术家大半都怕用丑材料，近来艺术家才知道熔自然丑于艺术美，可以使美者更见其美。荷兰画家伦勃朗欢喜画老朽人物，法国文学家波德莱尔欢喜拿死尸一类的事物做诗题，雕刻家罗丹和爱朴斯丹也常用在自然中为丑的人物，都是最显著的例子。

这两件事实所证明的是什么呢？

一、艺术的美丑和自然的美丑是两件事。

二、艺术的美不是从摹仿自然美得来的。

从这两点看，写实主义和理想主义都是一样错误，它们的主张恰与这两层道理相反。要明白艺术的真性质，先要推翻它们的"依样画葫芦"的办法，无论这个葫芦是经过选择，或是没有经过选择。

我们说"艺术美"时，"美"字只有一个意义，就是事物现形相于直觉的一个特点。事物如果要能现形相于直觉，它的外形和实质必须融化成一气，它的姿态必可以和人的情趣交感共鸣。这种"美"都是创造出来的，不是天生自在俯拾即是的，它都是"抒情的表现"。我们说"自然美"时，"美"字有两种意义。第一种意义的"美"就是上文所说的常态，例如背通常是直的，直背美于驼背。第二种意义的"美"其实就是艺术美。我们在欣赏一片山水而觉其美时，就已经把自己的情趣外射到山水里去，就已把自然加以人情化和艺术化了。所以有人说："一片自然风景就是一种心境。"一般人的错误在只知道第一种意义的自然美，以为艺术美和第二种意义的自然美原来也不过如此。

法国画家德拉库瓦说得好："自然只是一部字典而不是一部书。"人人尽管都有一部字典在手边，可是用这部字典中的字来做出诗文，则全凭各人的情趣和才学。做得好诗文的人都不能说是摹仿字典，说自然本来就美（"美"字用"艺术美"的意义）者也犹如说字典中原来就有《陶渊明集》和《红楼梦》一类作品在内。这显然是很荒谬的。

九 "大人者不失其赤子之心"

——艺术与游戏

　　一直到现在，我们所讨论的都偏重欣赏。现在我们可以换一个方向来讨论创造了。

　　既然明白欣赏的道理，进一步来研究创造，便没有什么困难，因为欣赏和创造的距离并不像一般人所想像的那么远。欣赏之中都寓有创造，创造之中也都寓有欣赏。创造和欣赏都是要见出一种意境，造出一种形相，都要根据想像与情感。比如说姜白石的"数峰清苦，商略黄昏雨"一句词含有一个受情感饱和的意境。姜白石在做这句词时，先须从自然中见出这种意境，然后拿这九个字把它翻译出来。在见到意境的一刹那中，他是在创造也是在欣赏。我在读这句词时，这九个字对于我只是一种符号，我要能认识这种符号，要凭想像与情感从这种符号中领略出姜白石原来所见到的意境，须把他的译文翻回到原文。我在见到他的意境一刹那中，我是在欣赏也是在创造。倘若我丝毫无所创造，他所用的九个字对于我就漫无意义了。一首诗做成之后，不是就变成个个读者的产业，使他可以坐享其成。它也好比一片自然风景，观赏者要拿自己的想像和情趣来交接它，才能有所得。他所得的深浅和他自己的想像与情趣成比例。读诗就是再做诗。一首诗的生命不是作者一个人所能维持住，也要读者帮忙才行。读者的想像和情感是生生不息的，一首诗的生命也就是生生不息的，它并非是一成不变的。一切艺术作品都是如此，没有创造都不能有欣赏。

创造之中都寓有欣赏，但是创造却不全是欣赏。欣赏只要能见出一种意境，而创造却须再进一步，把这种意境外射出来，成为具体的作品。这种外射也不是易事，它要有相当的天才和人力，我们到以后还要详论它，现在只就艺术的雏形来研究欣赏和创造的关系。

艺术的雏形就是游戏。游戏之中就含有创造和欣赏的心理活动。个个人不都是艺术家，但个个人却都做过儿童，对于游戏都有几分经验。所以要了解艺术的创造和欣赏，最好是先研究游戏。

骑马的游戏是很普遍的，我们就把它做例来说。儿童在玩骑马的把戏时，他的心理活动可以用这么一段话说出来："父亲天天骑马在街上走，看他是多么好玩！多么有趣！我们也骑来试试看。他的那匹大马自然不让我们骑。小弟弟，你弯下腰来，让我骑！特！特！走快些！你没有气力了吗？我去换一匹马罢。"于是厨房里的竹帚夹在胯下又变成一匹马了。

从这个普遍的游戏中间，我们可以看出几个游戏和艺术的类似点。

一、像艺术一样，游戏把所欣赏的意象加以客观化，使它成为一个具体的情境。小孩子心里先印上一个骑马的意象，这个意象变成他的情趣的集中点（这就是欣赏）。情趣集中时意象大半孤立，所以本着单独观念实现于运动的普遍倾向，从心里外射出来，变成一个具体的情境（这就是创造），于是有骑马的游戏。骑马的意象原来是心镜从外物界所摄来的影子。在骑马时儿童仍然把这个影子交还给外物界。不过这个影子在摄来时已顺着情感的需要而有所选择去取，在脑里打一个翻转之后，又经过一番意匠经营，所以不复是生糙的自然。一个人可以当马骑，一个竹帚也可以当马骑。换句话说，儿童的游戏不完全是摹仿自然，它也带有几分创造性。他不仅作骑马的游戏，有时还拣一支粉笔或土块在地上画一个骑马的人。他在一个圆圈里画两点一直一横就成了一个面孔，在下面再安上两条线就成了两只腿。他原来看人物时只注意到这些最刺眼的运动的部分，他是一个印象派的作者。

二、像艺术一样，游戏是一种"想当然耳"的勾当。儿童在拿竹帚当马骑时，心里完全为骑马一个有趣的意象占住，丝毫不注意到他所骑的是竹帚而不是马。他聚精会神到极点，虽是在游戏而却不自觉是在游戏。本来是幻想的世界，却被他看成实在的世界了。他在幻想世界中仍然持着郑重其事的态度。全局尽管荒唐，而各部分却仍须合理。有两位小姊妹正在顽做买卖的把戏，她们的母亲从外面走进来向扮店主的姐姐亲了一嘴，扮顾客的妹妹便抗议说："妈妈，你为什么同开店的人亲嘴？"从这个实例看，我们可以知道儿戏很类似写剧本或是写小说，在不近情理之中仍须不背乎情理，要有批评家所说的"诗的真实"。成人们往往嗤不郑重的事为儿戏，其实成人自己很少像儿童在游戏时那么郑重，那么专心，那么认真。

三、像艺术一样，游戏带有移情作用，把死板的宇宙看成活跃的生灵。我们成人把人和物的界线分得很清楚，把想像的和实在的分得很清楚。在儿童心中这种分别是很模糊的。他把物看成自己一样，以为它们也有生命，也能痛能痒。他拿竹帚当马骑时，你如果在竹帚上扯去一条竹枝，那就是在他的马身上扯去一根毛，在骂你一场之后，他还要向竹帚说几句温言好语。他看见星说是天眨眼，看见露说是花垂泪。这就是我们在前面说过的"宇宙的人情化"。人情化可以说是儿童所特有的体物的方法。人越老就越不能起移情作用，我和物的距离就日见其大，实在的和想像的隔阂就日见其深，于是这个世界也就越没有趣味了。

四、像艺术一样，游戏是在现实世界之外另造一个理想世界来安慰情感。骑竹马的小孩子一方面觉得骑马的有趣，一方面又苦于骑马的不可能，骑马的游戏是他弥补现实缺陷的一种方法。近代有许多学者说游戏起于精力的过剩，有力没处用，才去玩把戏。这话虽然未可尽信，却含有若干真理。人生来就好动，生而不能动，便是苦恼。疾病、老朽、幽囚都是人所最厌恶的，就是它们夺去动的可能。动愈自由即愈使人快意，所以人常厌恶有限而追求无限。现实界是有限制的，不能容人尽量自由活动。人不安于此，于是有种种苦闷厌倦。要消遣这种苦闷厌倦，人于是自架空中楼阁。苦闷起于人生对于"有限"的不满，幻想就是人生对于"无限"的寻求，游戏和文艺就是幻想的结果。它们的功用都在帮助人摆脱实在界的缰锁，跳出到可能的世界中去避风息凉。人愈到闲散时愈觉单调生活不可耐，愈想在呆板平凡的世界中寻出一点出乎常轨的偶然的波浪，来排忧解闷。所以游戏和艺术的需要在闲散时愈紧迫。就这个意义说，它们确实是一种"消遣"。

儿童在游戏时意造空中楼阁，大概都现出这几个特点。他们的想像力还没有受经验和理智束缚死，还能去来无碍。只要有一点实事实物触动他们的思路，他们立刻就生出一种意境，在一弹指中就把这种意境渲染成五光十彩。念头一动，随便什么事物都变成他们的玩具，你给他们一个世界，他们立刻就可以造出许多变化离奇的世界来交还你。他们就是艺术家。一般艺术家都是所谓"大人者不失其赤子之心"。

艺术家虽然"不失其赤子之心"，但是他究竟是"大人"，有赤子所没有的老练和严肃。游戏究竟只是雏形的艺术而不就是艺术。它和艺术有三个重要的异点。

一、艺术都带有社会性而游戏却不带社会性。儿童在游戏时只图自己高兴，并没有意思要拿游戏来博得旁观者的同情和赞赏。在表面看，这似乎是偏于唯我主义，但是这实在由于自我观念不发达。他们根本就没有把物和我分得很清楚，所以说不到求人同情于我的意思。艺术的创造则必有欣赏者。艺术家见到一种意境或是感到一种情趣，自得其乐还不甘心，他还要旁人也能见到这种意境，感到这种情趣。他固然不迎合社会心理去沽名钓誉，但是他是一个热情者，总不免希望世有知音同情。因此艺术不像克罗齐派美学家所说的，只达到"表现"就可以了事，它还要能"传达"。在原始时期，艺术的作者就是全民众，后来艺术家虽自成一阶级，他们的作品仍然是全民众的公有物。艺术好比一颗花，社会好比土壤，土壤比较肥沃，花也自然比较茂盛。艺术的风尚一半是作者造成的，一半也是社会造成的。

二、游戏没有社会性，只顾把所欣赏的意象"表现"出来；艺术有社会性，还要进一步把这种意象传达于天下后世，所以游戏不必有作品而艺术则必有作品。游戏只是逢场作戏，比如儿童堆砂为屋，还未堆成，即已推倒，既已尽兴，便无留恋。艺术家对于得意的作品常加意珍护，像慈母待婴儿一般。音乐家贝多芬常言生存是一大痛苦，如果他不是心中有未尽之蕴要谱于乐曲，他久已自杀。司马迁也是因为要做《史记》，所以隐忍受腐刑的羞辱。从这些实例看，可知艺术家对于艺术比一切都看重。他们自己知道珍贵美的形相，也希望旁人能同样地珍贵它。他自己见到一种精灵，并且想使这种精灵在人间永存不朽。

三、艺术家既然要藉作品"传达"他的情思给旁人，使旁人也能同赏共乐，便不能不研究"传达"所必需的技巧。他第一要研究他所藉以传达的媒介，第二要研究应用这种媒介如何可以造成美形式出来。比如说做诗文，语言就是媒介。这种媒介要恰能传出情思，不可任意乱用。相传欧阳修《昼锦堂记》首两句本是"仕宦至将相，锦衣归故乡"，送稿的使者已走过几百里路了，他还要打发人骑快马去添两个"而"字。文人用字不苟且，通常如此。儿童在游戏时对于所用的媒介决不这样谨慎选择。他戏骑马时遇着竹帚就用竹帚，遇着板凳就用板凳，反正这不过是一种代替意象的符号，只要他自己以为那是马就行了，至于旁人看见时是否也恰能想到马的意象，他却丝毫不介意。倘若画家意在马而画一个竹帚出来，谁人能了解他的原意呢？艺术的内容和形式都要恰能融合一气，这种融合就是美。

总而言之，艺术虽伏根于游戏本能，但是因为同时带有社会性，须留有作品传达情思于观者，不能不顾到媒介的选择和技巧的锻炼。它逐渐发达到现在，已经在游戏前面走得很远，令游戏望尘莫及了。

十　空中楼阁

——创造的想像

　　艺术和游戏都是意造空中楼阁来慰情遣兴。现在我们来研究这种楼阁是如何建筑起来的，这就是说，看看诗人在做诗或是画家在作画时的心理活动到底像什么样。

　　为说话易于明了起见，我们最好拿一个艺术作品做实例来讲。本来各种艺术都可以供给这种实例，但是能拿真迹摆在我们面前的只有短诗。所以我们姑且选一首短诗，不过心里要记得其他艺术作品的道理也是一样。比如王渔洋所推为唐人七绝"压卷"作的王昌龄的《长信怨》：

> 奉帚平明金殿开，暂将团扇共徘徊。玉颜不及寒鸦色，犹带昭阳日影来。

大家都知道，这首诗的主人是班婕妤。她从失宠于汉成帝之后，谪居长信宫奉侍太后。昭阳殿是汉成帝和赵飞燕住的地方。这首诗是一个具体的艺术作品。王昌龄不曾留下记载来，告诉我们他作时心理历程如何，他也许并没有留意到这种问题。但是我们用心理学的帮助来从文字上分析，也可以想见大概。他作这首诗时有哪些心理的活动呢？

一、他必定使用想像。

什么叫做想像呢？它就是在心里唤起意象。比如看到寒鸦，心中就印下一个寒鸦的影子，知道它像什么样，这种心境从外物摄来的影子就是"意象"。意象在脑中留有痕迹，我眼睛看不见寒鸦时仍然可以想到寒鸦像什么样，甚至于你从来没有见过寒鸦，别人描写给你听，说它像什么样，你也可以凑合已有意象推知大概。这种回想或凑合以往意象的心理活动叫做"想像"。

想像有再现的，有创造的。一般的想像大半是再现的。原来从知觉得来的意象如此，回想起来的意象仍然是如此，比如我昨天看见一只鸦，今天回想它的形状，丝毫不用自己的意思去改变它，就是只用再现的想像。艺术作品也不能不用再现的想像。比如这首诗里"奉帚"、"金殿"、"玉颜"、"寒鸦","日影"、"团扇"、"徘徊"等等，在独立时都只是再现的想像。"团扇"一个意象尤其如此。班婕好在自己《怨歌行》里已经用过秋天丢开的扇子自比，王昌龄不过是借用这个典故。诗做出来总须旁人能懂得，"懂得"这是能够唤起已往的经验来印证。用以往的经验来印证新经验大半凭借再现的想像。

但是只有再现的想像决不能创造艺术。艺术既是创造的，就要用创造的想像。创造的想像也并非从无中生有，它仍用已有意象，不过把它们加以新配合。王昌龄的《长信怨》精采全在后两句，这后两句就是用创造的想像做成的。个个人都见过"寒鸦"和"日影"，从来却没有人想到班婕好的"怨"可以见于带昭阳日影的寒鸦。但是这话一经王昌龄说出，我们就觉得它实在是至情至理。从这个实例看，创造的定义就是：平常的旧材料之不平常的新综合。

王昌龄的题目是《长信怨》。"怨"字是一个抽象的字，他的诗却画出一个如在目前的具体的情境，不言怨而怨自见。艺术不同哲学，它最忌讳抽象。抽象的概念在艺术家的脑里都要先翻译成具体的意象，然后才表现于作品。具体的意象才能引起深切的情感。比如说"贫富不均"一句话入耳时只是一笔冷冰冰的总账，杜工部的"朱门酒肉臭，路有冻死骨"才是一幅惊心动魄的图画。思想家往往不是艺术家，就因为不能把抽象的概念翻译为具体的意象。

从理智方面看，创造的想像可以分析为两种心理作用：一是分想作用，一是联想作用。

我们所有的意象都不是独立的，都是嵌在整个经验里面的，都是和许多其他意象固结在一起的。比如我昨天在树林里看见一只鸦，同时还看见许多其他事物，如树林、天空，行人等等。如果这些记忆都全盘复现于意识，我就无法单提鸦的意象来应用。好比你只要用一根丝，它裹在一团丝里，要单抽出它而其他的丝也连带地抽出来一样。"分想作用"就是把某一个意象（比如说鸦）和与它相关的许多意象分开而单提出它来。这种分想作用是选择的基础。许多人不能创造艺术就因为没有这副本领。他们常常说："一部十七史从何处说起？"他们一想到某一个意象，其余许多平时虽有关系而与本题却不相干的意象都一齐涌上心头来，叫他们无法脱围。小孩子读死书，往往要从头背诵到尾，才想起一篇文章中某一句话来，也就是吃不能"分想"的苦。

有分想作用而后有选择，只是选择有时就已经是创造。雕刻家在一块顽石中雕出一座爱神来，画家在一片荒林中描出一幅风景画来，都是在混乱的情境中把用得着的成分单提出来，把用不着的成分丢开，来造成一个完美的形相。诗有时也只要有分想作用就可以作成。例如"采菊东篱下，悠然见南山"，"寒波澹澹起，白鸟悠悠下"，"风吹草低见牛羊"诸名句都是从混乱的自然中划出美的意象来，全无机杼的痕迹。

不过创造大半是旧意象的新综合，综合大半藉"联想作用"。我们在上文谈美感与联想时已说过错乱的联想妨碍美感的道理，但是我们却保留过一条重要的原则："联想是知觉和想像的基础。艺术不能离开知觉和想像，就不能离开联想。"现在我们可以详论这番话的意义了。

我们曾经把联想分为"接近"和"类似"两类。比如这首诗里所用的"团扇"一个意象，在班婕妤自己第一次用它时，是起于类似联想，因为她见到自己色衰失宠类似秋天的弃扇；在王昌龄用它时则起于接近联想，因为他读过班婕妤的《怨歌行》，提起班婕妤就因经验接近而想到团扇的典故。不过他自然也可以想到她和团扇的类似。

"怀古"、"忆旧"的作品大半起于接近联想，例如看到赤壁就想起曹操和苏东坡，看到遗衣挂壁就想到已故的妻子。类似联想在艺术上尤其重要。《诗经》中"比"、"兴"两体都是根据类似联想。比如《关关雎鸠》章就是拿雎鸠的挚爱比夫妇的情谊。《长信怨》里的"玉颜"在现在已成滥调，但是第一次用这两个字的人却费了一番想像。"玉"和"颜"本来是风马牛不相及，只因为在色泽肤理上相类似，就嵌合在一起了。语言文字的引申义大半都是这样起来的。例如"云破月来花弄影"一句词中三个动词都是起于类似联想的引申义。

因为类似联想的结果，物可以变成人，人也可变成物。物变成人通常叫做"拟人"。《长信怨》的"寒鸦"是实例。鸦是否能寒，我们不能直接感觉到，我们觉得它寒，便是设身处地地想。不但如此，寒鸦在这里是班婕妤所羡慕而又妒忌的受恩承宠者，它也许是隐喻赵飞燕。一切移情作用都起类似联想，都是"拟人"的实例。例如"感时花溅泪，恨别鸟惊心"和"水是眼波横，山是眉峰聚"一类的诗句都是以物拟人。

人变成物通常叫做"托物"。班婕妤自比"团扇"，就是托物的实例。"托物"者大半不愿直言心事，故婉转以隐语出之。曹子建被迫于乃兄，在走七步路的时间中做成一首诗说：

> 煮豆燃豆萁，豆在釜中泣。本是同根生，相煎何太急！

清朝有一位诗人不敢直骂爱新觉罗氏以胡人夺了明朝的江山，乃在咏《紫牡丹》诗里寄意说：

> 夺朱非正色，异种亦称王。

这都是托物的实例。最普通的托物是"寓言"，寓言大半拿动植物的故事来隐射人类的是非善恶。托物是中国文人最欢喜的玩艺儿。庄周、屈原首开端倪。但是后世注疏家对于古人诗文往往穿凿附会太过。黄山谷说得好：

> 彼喜穿凿者弃其大旨，取其发兴，于所遇林泉人物草木鱼虫，以为物物皆有所托，如世间商度隐语者，则诗委地矣！

"拟人"和"托物"都属于象征。所谓"象征"，就是以甲为乙的符号。甲可以做乙的符号，大半起于类似联想。象征最大的用处就是把具体的事物来代替抽象的概念。我们在上文说过，艺术最怕抽象和空泛，象征就是免除抽象和空泛的无二法门。象征的定义可以说是：

"寓理于象"。梅圣俞《续金针诗格》里有一段话很可以发挥这个定义：

> 诗有内外意，内意欲尽其理，外意欲尽其象。内外意含蓄，方入诗格。

这首诗里的"昭阳日影"便是象征皇帝的恩宠。"皇帝的恩宠"是"内意"，是"理"，是一个空泛的抽象概念，所以王昌龄拿"昭阳日影"一个具体的意象来代替它，"昭阳日影"便是"象"，便是"外意"。不过这种象征是若隐若现的。诗人用"昭阳日影"时，原来因为"皇帝的恩宠"一类的字样不足以尽其意蕴，如果我们一定要把它明白指为"皇帝的恩宠"的象征，这又未免剪云为裳，以迹象绳玄渺了。诗有可以解说出来的地方，也有不可以解说出来的地方。不可以言传的全赖读者意会。在微妙的境界我们尤其不可拘虚绳墨。

十一　"超以象外，得其环中"

——创造与情感

二，诗人于想像之外又必有情感。

分想作用和联想作用只能解释某意象的发生如何可能，不能解释作者在许多可能的意象之中何以独抉择该意象。再就上文所引的王昌龄的《长信怨》来说，长信宫四围的事物甚多，他何以单择寒鸦？和寒鸦可发生联想的事物甚多，他何以单择昭阳日影？联想并不是偶然的，有几条路可走时而联想只走某一条路，这就由于情感的阴驱潜率。在长信宫四围的许多事物之中只有带昭阳日影的寒鸦可以和弃妇的情怀相照映，只有它可以显出一种"怨"的情境。在艺术作品中人情和物理要融成一气，才能产生一个完整的境界。

这个道理可以再用一个实例来说明，比如王昌龄的《闺怨》：

> 闺中少妇不知愁，春日凝妆上翠楼。忽见陌头杨柳色，悔教夫婿觅封侯！

杨柳本来可以引起无数的联想，桓温因杨柳而想到"木犹如此，人何以堪！"萧道成因杨柳而想起"此柳风流可爱，似张绪当年！"韩君平因杨柳而想起"昔日青青今在否"的章台妓女，何以这首诗的主人独懊悔当初劝丈夫出去谋官呢？因为"夫婿"的意象对于"春日凝妆上翠楼"的闺中少妇是一种受情感饱和的意象，而杨柳的浓绿又最易惹起春意，所以经它一触动，"夫婿"的意象就立刻浮上她的心头了。情感是生生不息的，意象也是生生不息的。换一种情感就是换一种意象，换一种意象就是换一种境界。即景可以生情，因情也可以生景。所以诗是做不尽的。有人说，风花雪月等等都已经被前人说滥了，所有的诗都被前人做尽了，诗是没有未来的了。这般人不但不知诗为何物，也不知生命为何物。诗是生命的表现。生命像柏格森所说的，时时在变化中即时时在创造中。说诗已经做穷了，就不啻说生命已到了末日。

王昌龄既不是班婕妤，又不是"闺中少妇"，何以能感到她们的情感呢？这又要回到"子非鱼，安知鱼之乐"的老问题了。诗人和艺术家都有"设身处地"和"体物入微"的本领。他们在描写一个人时，就要钻进那个人的心孔，在霎时间就要变成那个人，亲自享受他的生命，领略他的情感。所以我们读他们的作品时，觉得它深中情理。在这种心灵感通中我们可以见出宇宙生命的联贯。诗人和艺术家的心就是一个小宇宙。

一般批评家常欢喜把文艺作品分为"主观的"和"客观的"两类，以为写自己经验的作品是主观的，写旁人的作品是客观的。这种分别其实非常肤浅。凡是主观的作品都必同时是客观的，凡是客观的作品亦必同时是主观的。比如说班婕妤的《怨歌行》：

> 新裂齐纨素，皎洁如霜雪，裁成合欢扇，团团似明月。出入君怀袖，动摇随风发。常恐秋节至，凉飚敚炎热，弃捐箧笥中，恩情中道绝。

她拿团扇自喻，可以说是主观的文学。但是班婕妤在做这首诗时就不能同时在怨的情感中过活，她须暂时跳开切身的情境，看看它像什么样子，才能发现它像团扇。这就是说，她在做《怨歌行》时须退处客观的地位，把自己的遭遇当作一幅画来看。在这一刹那中，她就已经由弃妇变而为歌咏弃妇的诗人了，就已经在实际人生和艺术之中辟出一种距离来了。

再比如说王昌龄的《长信怨》。他以一位唐朝的男子来写一位汉

朝的女子，他的诗可以说是客观的文学。但是他在做这首诗时一定要
设身处地地想像班婕好谪居长信宫的情况如何。像班婕好自己一样，
他也是拿弃妇的遭遇当作一幅画来欣赏。在想像到聚精会神时，他达
到我们在前面所说的物我同一的境界，霎时之间，他的心境就变成班
婕好的心境了，他已经由客观的观赏者变而为主观的享受者了。总
之，主观的艺术家在创造时也要能"超以象外"，客观的艺术家在创
造时也要能"得其环中"，像司空图所说的。

文艺的作品都必具有完整性。它是旧经验的新综合，它的精采就
全在这综合上面见出。在未综合之前，意象是散漫零乱的；在既综合
之后，意象是谐和整一的。这种综合的原动力就是情感。凡是文艺作
品都不能拆开来看，说某一笔平凡，某一句警辟，因为完整的全体中
各部分都是相依为命的。人的美往往在眼睛上现出，但是也要全体健
旺，眼中精神才饱满，不能把眼睛单拆开来，说这是造化的"警句"。
严沧浪说过："汉魏古诗，气象混沌，难以句摘；晋以还始有佳句。"
这话本是见道语而实际上又不尽然。晋以还始有佳句，但是晋以还的
好诗像任何时代的好诗一样，仍然"难以句摘"。比如《长信怨》的
头两句："奉帚平明金殿开，暂将团扇共徘徊"，拆开来单看，本很平
凡。但是如果没有这两句所描写的荣华冷落的情境，便显不出后两句
的精采。工夫虽从点睛见出，却从画龙做起。凡是欣赏或创造文艺作
品，都要先注意到总印象，不可离开总印象而细论枝节。比如古诗
《采莲曲》：

> 采莲复采莲，莲叶何田田！鱼戏莲叶东，鱼戏莲叶南，鱼戏
> 莲叶西，鱼戏莲叶北。

单看起来，每句都无特色，合看起来，全篇却是一幅极幽美的意境。
这不仅是汉魏古诗是如此，晋以后的作品如陈子昂的《登幽州台》：

> 前不见古人，后不见来者，念天地之悠悠，独怆然而涕下。

也是要求总印象上玩味，决不能字斟句酌。晋以后的诗和晋以后的词
大半都是细节胜于总印象，聪明气和斧凿痕迹都露在外面，这的确是
艺术的衰落现象。

情感是综合的要素，许多本来不相关的意象如果在情感上能调
协，便可形成完整的有机体，比如李太白的《长相思》收尾两句说：

> 相思黄叶落，白露点青苔。

钱起的《湘灵鼓瑟》收尾两句说：

> 曲终人不见，江上数峰青。

温飞卿的《菩萨蛮》前阕说：

水晶帘里颇黎枕，暖香惹梦鸳鸯锦。江上柳如烟，雁飞残月天。

秦少游的《踏莎行》前阕说：

雾失楼台，月迷津渡，桃源望断无寻处。可堪孤馆闭春寒，杜鹃声里斜阳暮。

这里加圈的字句所传出的意象都是物景，而这些诗词全体原来都是着重人事。我们仔细玩味这些诗词时，并不觉得人事之中猛然插入物景为不伦不类，反而觉得它们天生成地联络在一起，互相烘托，益见其美。这就由于它们在感情上是谐和的。单拿"曲终人不见，江上数峰青"两句诗来说，曲终人杳虽然与江上峰青绝不相干，但是这两个意象都可以传出一种凄清冷静的情感，所以它们可以调和。如果只说"曲终人不见"而无"江上数峰青"，或是只说"江上数峰青"而无"曲终人不见"，意味便索然了。从这个例子看，我们可以见出创造如何是平常的意象的不平常的综合，诗如何要论总印象，以及情感如何使意象整一，种种道理了。

因为有情感的综合，原来似散漫的意象可以变成不散漫，原来似重复的意象也可以变成不重复。《诗经》里面的诗大半每篇都有数章，而数章所说的话往往无大差别。例如《王风·黍离》：

　　彼黍离离，彼稷之苗。行迈靡靡，中心摇摇。知我者谓我心忧，不知我者谓我何求！悠悠苍天，此何人哉？

　　彼黍离离，彼稷之穗。行迈靡靡，中心如醉。知我者谓我心忧，不知我者谓我何求！悠悠苍天，此何人哉？

　　彼黍离离，彼稷之实。行迈靡靡，中心如噎。知我者谓我心忧，不知我者谓我何求！悠悠苍天，此何人哉？

这三章诗每章都只更换两三个字，只有"苗"、"穗"、"实"三字指示时间的变迁，其余"醉"、"噎"两字只是为压韵而更换的；在意义上并不十分必要。三章诗合在一块不过是说："我一年四季心里都在忧愁。"诗人何必把它说一遍又说一遍呢？因为情感原是往复低徊、缠绵不尽的。这三章诗在意义上确似重复而在情感上则不重复。

　　总之，艺术的任务是在创造意象，但是这种意象必定是受情感饱和的。情感或出于己，或出于人，诗人对于出于己者须跳出来视察，对于出于人者须钻进去体验。情感最易感通，所以"诗可以群"。

十二　"从心所欲，不逾矩"

——创造与格律

三、在艺术方面，受情感饱和的意象是嵌在一种格律里面的。

我们再拿王昌龄的《长信怨》来说，在上文我们已经从想像和情感两个观点研究过它，话虽然已经说得不少，但是如果到此为止，我们就不免抹煞了这首诗的一个极重要的成分。《长信怨》不仅是一种受情感饱和的意象，而这个意象又是嵌在调声压韵的"七绝"体里面的。"七绝"是一种格律。《长信怨》的意象是王昌龄的特创，这种格律却不是他的特创。他以前有许多诗人用它，他以后也有许多诗人用它。它是诗人们父传子、子传孙的一套家当。其他如五古、七古、五律、七律以及词的谱调等等也都是如此。

格律的起源都是归纳的，格律的应用都是演绎的。它本来是自然律，后来才变为规范律。

专就诗来说，我们来看格律如何本来是自然的。

诗和散文不同。散文叙事说理，事理是直捷了当、一往无余的，所以它忌讳纡回往复，贵能直率流畅。诗遣兴表情，兴与情都是低徊往复、缠绵不尽的，所以它忌讳直率，贵有一唱三叹之音，使情溢于辞。粗略地说，散文大半用叙述语气，诗大半用惊叹语气。

拿一个实例来说，比如看见一位年轻的姑娘，你如果把这段经验当作"事"来叙，你只须说："我看见一位年轻姑娘"；如果把它当作"理"来说，你只须说："她年纪轻所以漂亮。"事既叙过了，理既说明了，你就不必再说什么，听者就可以完全明白你的意思。但是如果你一见就爱了她，你只说"我爱她"还不能了事，因为这句话只是叙述一桩事而不是传达一种情感，你是否真心爱她，旁人在这句话本身中还无从见出。如果你真心爱她，你此刻念她，过些时候还是念她。你的情感来而复去，去而复来。它是一个最不爽快的搅扰者。这种缠绵不尽的神情就要一种缠绵不尽的音节才表现得出。这个道理随便拿一首恋爱诗来看就会明白。比如古诗《华山畿》：

　　　　奈何许！天下人何限？慊慊只为汝！

　　这本来是一首极简短的诗，不是讲音节的好例，但是在这极短的篇幅中我们已经可以领略到一种缠绵不尽的情感，就因为它的音节虽短促而却不直率。它的起句用"许"字落脚，第二句虽然用一个和"许"字不协韵的"限"字，末句却仍回到和"许"字协韵的"汝"字落脚。这种音节是往而复返的。（由"许"到"限"是往，由"限"到"汝"是返。）它所以往而复返者，就因为情感也是往而复返的。这种道理在较长的诗里更易见出，你把《诗经·卷耳》或是上文所引过的《彼黍离离》玩味一番，就可以明白。

　　韵只是音节中一个成分。音节除韵以外，在章句长短和平仄交错中也可以见出。章句长短和平仄交错的存在理由也和韵一样，都是顺着情感的自然需要。分析到究竟，情感是心感于物的激动，和脉搏、呼吸诸生理机能都密切相关。这些生理机能的节奏都是抑扬相间，往而复返，长短轻重成规律的。情感的节奏见于脉搏、呼吸的节奏，脉搏、呼吸的节奏影响语言的节奏。诗本来就是一种语言，所以它的节奏也随情感的节奏于往复中见规律。

　　最初的诗人都无意于规律而自合于规律，后人研究他们的作品，才把潜在的规律寻绎出来。这种规律起初都只是一种总结账，一种统计，例如"诗大半用韵"，"某字大半与某字协韵"，"章句长短大半有规律"，"平声和仄声的交错次第大半如此如此"之类。这本来是一种自然律。后来做诗的人看见前人做法如此，也就如法炮制。从前诗人多用五言或七言，他们于是也用五言或七言；从前诗人五言起句用仄仄平平仄，次句往往用平平仄仄平，于是他们调声也用同样的次第。这样一来，自然律就变成规范律了。诗的声韵如此，其他艺术的格律也是如此，都是把前规看成定例。

艺术上的通行的作法是否可以定成格律，以便后人如法炮制呢？

这是一个很难的问题，绝对的肯定答复和绝对的否定答复都不免有流弊。从历史看，艺术的前规大半是先由自然律变而为规范律，再由规范律变而为死板的形式。一种作风在初盛时，自身大半都有不可磨灭的优点。后来闻风响应者得其形似而失其精神，有如东施学西施捧心，在彼为美者在此反适增其丑。流弊渐深，反动随起，于是文艺上有所谓"革命运动"。文艺革命的首领本来要把文艺从格律中解放出来，但是他们的闻风响应者又把他们的主张定为新格律。这种新格律后来又因经形式化而引起反动。一波未平，一波又起。一部艺术史全是这些推陈翻新、翻新为陈的轨迹。王静安在《人间词话》里所以说：

> 四言敝而有《楚辞》，《楚辞》敝而有五言，五言敝而有七言，古诗敝而有律绝，律绝敝而有词。盖文体通行既久，染指遂多，自成习套。豪杰之士亦难于其中自出新意，故遁而作他体，以自解脱。一切文体所以始盛终衰者，皆由于此。

在西方文艺中，古典主义、浪漫主义、写实主义和象征主义相代谢的痕迹也是如此。各派有各派的格律，各派的格律都有因成习套而"敝"的时候。

格律既可"敝"，又何取乎格律呢？格律都有形式化的倾向，形式化的格律都有束缚艺术的倾向。我们知道这个道理，就应该知道提倡要格律的危险。但是提倡不要格律也是一桩很危险的事。我们固然应该记得格律可以变为死板的形式，但是我们也不要忘记第一流艺术家大半都是从格律中做出来的。比如陶渊明的五古，李太白的七古，王摩诘的五律以及温飞卿、周美成诸人所用的词调，都不是出自作者心裁。

提倡格律和提倡不要格律都有危险，这岂不是一个矛盾么？这并不是矛盾。创造不能无格律，但是只做到遵守格律的地步也决不足与言创造。我们现在把这个道理解剖出来。

诗和其他艺术都是情感的流露。情感是心理中极原始的一种要素。人在理智未发达之前先已有情感；在理智既发达之后，情感仍然是理智的驱遣者。情感是心感于物所起的激动，其中有许多人所共同的成分，也有某个人所特有的成分。这就是说，情感一方面有群性，一方面也有个性，群性是得诸遗传的，是永恒的，不易变化的；个性是成于环境的，是随环境而变化的。所谓"心感于物"，就是以得诸遗传的本能的倾向对付随人而异、随时而异的环境。环境随人随时而异，所以人类的情感时时在变化；遗传的倾向为多数人所共同，所以情感在变化之中有不变化者存在。

这个心理学的结论与本题有什么关系呢？艺术是情感的返照，它也有群性和个性的分别，它在变化之中也要有不变化者存在。比如单拿诗来说，四言、五言、七言、古、律、绝、词的交替是变化，而音节的需要则为变化中的不变化者。变化就是创造，不变化就是因袭。把不变化者归纳成为原则，就是自然律。这种自然律可以用为规范律，因为它本来是人类共同的情感的需要。但是只有群性而无个性，只有整齐而无变化，只有因袭而无创造，也就不能产生艺术。末流忘记这个道理，所以往往把格律变成死板的形式。

格律在经过形式化之后往往使人受拘束，这是事实，但是这决不是格律本身的罪过，我们不能因噎废食。格律不能束缚天才，也不能把庸手提拔到艺术家的地位。如果真是诗人，格律会受他奴使；如果不是诗人，有格律他的诗固然腐滥，无格律它也还是腐滥。

古今大艺术家大半都从格律入手。艺术须寓整齐于变化。一味齐整，如钟摆摇动声，固然是单调；一味变化，如市场嘈杂声，也还是单调。由整齐到变化易，由变化到整齐难。从整齐入手，创造的本能和特别情境的需要会使作者在整齐之中求变化以避免单调。从变化入手，则变化之上不能再有变化，本来是求新奇而结果却仍还于单调。

古今大艺术家大半后来都做到脱化格律的境界。他们都从束缚中挣扎得自由，从整齐中酝酿出变化。格律是死方法，全赖人能活用。善用格律者好比打网球，打到娴熟时虽无心于球规而自合于球规，在不识球规者看，球手好像纵横如意，略无牵就规范的痕迹；在识球规者看，他却处处循规蹈矩。姜白石说得好："文以文而工，不以文而妙。"工在格律，而妙则在神髓风骨。

孔夫子自道修养经验说："七十而从心所欲，不逾矩。"这是道德家的极境，也是艺术家的极境。"从心所欲，不逾矩"，艺术的创造活动尽于这七个字了。"从心所欲"者往往"逾矩"，"不逾矩"者又往往不能"从心所欲"。凡是艺术家都要能打破这个矛盾。孔夫子到快要死的时候才做到这种境界，可见循格律而能脱化格律，大非易事了。

十三 "不似则失其所以为诗，
似则失其所以为我"

——创造与摹仿

创造与格律的问题之外，还有一个和它密切相关的问题，就是创造与摹仿。因袭格律本来就已经是一种摹仿，不过艺术上的摹仿并不限于格律，最重要的是技巧。

技巧可以分为两项说，一项是关于传达的方法；一项是关于媒介的知识。

先说传达的方法。我们在上文见过，凡是创造之中都有欣赏，但是创造却不仅是欣赏。创造和欣赏都要见到一种意境。欣赏见到意境就止步，创造却要再进一步，把这种意境外射到具体的作品上去。见到一种意境是一件事，把这种意境传达出来让旁人领略又是一件事。

比如我此刻想像到一个很美的夜景，其中园亭、花木、湖山、风月，件件都了然于心，可是我不能把它画出来。我何以不能把它画出来呢？因为我不能动手，不能任意像支配筋肉的活动。我如果勉强动手，我所画出来的全不像我所想出来的，我本来要画一条直线，画出来的线却是七弯八扭，我的手不能听我的心指使。穷究到底，艺术的创造不过是手能从心，不过是能任所欣赏的意象支配筋肉的活动，使筋肉所变的动作恰能把意象画在纸上或是刻在石上。

这种筋肉活动不是天生自在的，它须费一番工夫才学得来。我想到一只虎不能画出一只虎来，但是我想到"虎"字却能信手写一个"虎"字出来。我写"虎"字毫不费事，但是不识字的农夫看我写"虎"字，正犹如我看画家画虎一样可惊羡。一只虎和一个"虎"字在心中时都不过是一种意象，何以"虎"字的意象能供我的手腕作写"虎"字的活动，而虎的意象却不能使我的手腕作画虎的活动呢？这个分别全在有练习与没有练习。我练习过写字，却没有练习过作画。我的手腕筋肉只有写"虎"字的习惯，没有画虎的习惯。筋肉活动成了习惯以后就非常纯熟，可以从心所欲，意到笔随；但是在最初养成这种习惯时，好比小孩子学走路，大人初学游水，都要跌几交或是喝几次水，才可以学会。

各种艺术都各有它的特殊的筋肉的技巧。例如写字、作画、弹琴等等要有手腕筋肉的技巧，唱歌、吹箫要有喉舌唇齿诸筋肉的技巧，跳舞要有全身筋肉的技巧（严格地说，各种艺术都要有全身筋肉的技巧）。要想学一门艺术，就要先学它的特殊的筋肉的技巧。

学一门艺术的特殊的筋肉技巧，要用什么方法呢？起初都要摹仿。"摹仿"和"学习"本来不是两件事。姑且拿写字做例来说。小儿学写字，最初是描红，其次是写印本，再其次是临帖。这些方法都是藉旁人所写的字做榜样，逐渐养成手腕筋肉的习惯。但是就我自己的经验来说，学写字最得益的方法是站在书家的身旁，看他如何提笔，如何运用手腕，如何使全身筋肉力量贯注在手腕上。他的筋肉习惯已养成了，在实地观察他的筋肉如何动作时，我可以讨一点诀窍来，免得自己去暗中摸索，尤其重要的是免得自己养成不良的筋肉习惯。

推广一点说，一切艺术上的摹仿都可以作如是观。比如说作诗作文，似乎没有什么筋肉的技巧，其实也是一理。诗文都要有情感和思想。情感都见于筋肉的活动，我们在前面已经说过。思想离不开语言，语言离不开喉舌的动作。比如想到"虎"字时，喉舌间都不免起若干说出"虎"字的筋肉动作。这是行为派心理学的创见，现在已逐渐为一般心理学家所公认。诗人和文人常欢喜说"思路"，所谓"思路"并无若何玄妙，也不过是筋肉活动所走的特殊方向而已。

诗文上的筋肉活动是否可以摹仿呢？它也并不是例外。中国诗人和文人向来着重"气"字，我们现在来把这个"气"字研究一番，就可以知道摹仿筋肉活动的道理。曾国藩在《家训》里说过一段话，很可以值得我们注意：

> 凡作诗最宜讲究声调，须熟读古人佳篇，先之以高声朗诵，以昌其气；继之以密咏恬吟，以玩其味。二者并进，使古人之声调拂拂然若与我喉舌相习，则下笔时必有句调奔赴腕下，诗成自读之，亦自觉琅琅可诵，引出一种兴会来。

从这段话看，可知"气"与声调有关，而声调又与喉舌运动有关。韩昌黎也说过："气盛则言之短长与声之高下皆宜。"声本于气，所以想得古人之气，不得不求之于声。求之于声，即不能不朗诵。朱晦庵曾经说过："韩昌黎、苏明允作文，敝一生之精力，皆从古人声响学。"所以从前古文家教人作文的最重朗诵。姚姬传《与陈硕士书》说：

> 大抵学古文者，必须放声疾读，又缓读，只久之自悟。若但能默看，即终身作外行也。

朗诵既久，则古人之声就可以在我的喉舌筋肉上留下痕迹，"拂拂然若与我之喉舌相习"，到我自己下笔时，喉舌也自然顺这个痕迹而活动，所谓"必有句调奔赴腕下"。要看自己的诗文的气是否顺畅，也要吟哦才行，因为吟哦时喉舌间所习得的习惯动作就可以再现出来。从此可知从前人所谓"气"也就是一种筋肉技巧了。

关于传达的技巧大要如此，现在再讲关于媒介的知识。

什么叫做"媒介"？它就是艺术传达所用的工具。比如颜色、线形是图画的媒介，金石是雕刻的媒介，文字语言是文学的媒介。艺术家对于他所用的媒介也要有一番研究。比如达·芬奇的《最后的晚餐》是文艺复兴时代最大的杰作。但是他的原迹是用一种不耐潮湿的油彩画在一个易受潮湿的墙壁上，所以没过多少时候就剥落消失去了。这就是对于媒介欠研究。再比如建筑，它的媒介是泥石，它要把泥石砌成一个美的形相。建筑家都要有几何学和力学的知识，才能运用泥石；他还要明白他的媒介对于观者所生的影响，才不至于乱用材料。希腊建筑家往往把石柱的腰部雕得比上下都粗壮些，但是看起来它的粗细却和上下一律，因为腰部是受压时最易折断的地方，容易引起它比上下较细弱的错觉，把腰部雕粗些，才可以弥补这种错觉。

在各门艺术之中都有如此等类的关于媒介的专门知识，文学方面尤其显著。诗文都以语言文字为媒介。做诗文的人一要懂得字义，二要懂得字音，三要懂得字句的排列法，四要懂得某字某句的音义对于读者所生的影响。这四样都是专门的学问。前人对于这些学问已逐渐蓄积起许多经验和成绩，而不是任何人只手空拳、毫无凭藉地在一生之内所可得到的。自己既不能件件去发明，就不得不利用前人的经验和成绩。文学家对于语言文字是如此，一切其他艺术家对于他的特殊的媒介也莫不然。各种艺术都同时是一种学问，都有无数年代所积成的技巧。学一门艺术，就要学该门艺术所特有的学问和技巧。这种学习就是利用过去经验，就是吸收已有文化，也就是摹仿的一端。

古今大艺术家在少年时所做的工夫大半都偏在摹仿。米开朗琪罗费过半生的工夫研究希腊罗马的雕刻，莎士比亚也费过半生的工夫摹仿和改作前人的剧本，这是最显著的例。中国诗人中最不像用过工夫的莫过于李太白，但是他的集中摹拟古人的作品极多，只略看看他的诗题就可以见出。杜工部说过："李侯有佳句，往往似阴铿"，他自己也说过："解道长江静如练，令人长忆谢玄晖。"他对于过去诗人的关系可以想见了。

艺术家从摹仿入手，正如小儿学语言，打网球者学姿势，跳舞者学步法一样，并没有什么玄妙，也并没有什么荒唐。不过这步工夫只是创造的始基。没有做到这步工夫和做到这步工夫就止步，都不足以言创造。我们在前面说过，创造是旧经验的新综合。旧经验大半得诸摹仿，新综合则必自出心裁。

像格律一样，摹仿也有流弊，但是这也不是摹仿本身的罪过。从前学者有人提倡摹仿，也有人唾骂摹仿，往往都各有各的道理，其实并不冲突。顾亭林的《日知录》里有一条说：

> 诗文之所以代变，有不得不然者。一代之文，沿袭已久，不容人人皆道此语。今且千数百年矣，而犹取古人之陈言一一而摹仿之，以是为诗可乎？故不似则失其所以为诗，似则失其所以为我。

这是一段极有意味的话，但是他的结论是突如其来的。"不似则失其所以为诗"一句和上文所举的理由恰相反。他一方面见到摹仿古人不足以为诗，一方面又见到不似古人则失其所以为诗。这不是一个矛盾么？

这其实并不是矛盾。诗和其他艺术一样，须从摹仿入手，所以不能不似古人，不似则失其所以为诗；但是它须归于创造，所以又不能全似古人，全似古人则失其所以为我。创造不能无摹仿，但是只有摹仿也不能算是创造。

凡是艺术家都须有一半是诗人，一半是匠人。他要有诗人的妙悟，要有匠人的手腕。只有匠人的手腕而没有诗人的妙悟，固不能有创作；只有诗人的妙悟而没有匠人的手腕，即创作亦难尽善尽美。妙悟来自性灵，手腕则可得于摹仿。匠人虽比诗人身分低，但亦绝不可少。青年作家往往忽略这一点。

十四　"读书破万卷，下笔如有神"

——天才与灵感

知道格律和摹仿对于创造的关系，我们就可以知道天才和人力的关系了。

生来死去的人何只恒河沙数？真正的大诗人和大艺术家是在一口气里就可以数得完的。何以同是人，有的能创造，有的不能创造呢？在一般人看，这全是由于天才的厚薄。他们以为艺术全是天才的表现，于是天才成为懒人的藉口。聪明人说，我有天才，有天才何事不可为？用不着去下工夫。迟钝人说，我没有艺术的天才，就是下工夫也无益。于是艺术方面就无学问可谈了。

"天才"究竟是什么一回事呢？

它自然有一部分得诸遗传。有许多学者常欢喜替大创造家和大发明家理家谱，说莫扎特有几代祖宗会音乐，达尔文的祖父也是生物学家，曹操一家出了几个诗人。这种证据固然有相当的价值，但是它决不能完全解释天才。同父母的兄弟贤愚往往相差很远。曹操的祖宗有什么大成就呢？曹操的后裔又有什么大成就呢？

天才自然也有一部分成于环境。假令莫扎特生在音阶简单、乐器拙陋的野蛮民族中，也决不能作出许多复音的交响曲。"社会的遗产"是不可蔑视的。文艺批评家常欢喜说，伟大的人物都是他们的时代的骄子，艺术是时代和环境的产品。这话也有不尽然。同是一个时代而成就却往往不同。英国在产生莎士比亚的时代和西班牙是一般隆盛，而当时西班牙并没有产生伟大的作者。伟大的时代不一定能产生伟大的艺术。美国的独立、法国的大革命在近代都是极重大的事件，而当时艺术却卑卑不足高论。伟大的艺术也不必有伟大的时代做背景，席勒和歌德的时代，德国还是一个没有统一的纷乱的国家。

我承认遗传和环境的影响非常重大，但是我相信它们都不能完全解释天才。在固定的遗传和环境之下，个人还有努力的余地。遗传和环境对于人只是一种机会、一种本钱，至于能否利用这种机会，能否拿这笔本钱去做出生意来，则所谓"神而明之，存乎其人"。有些人天资颇高而成就则平凡，他们好比有大本钱而没有做出大生意；也有些人天资并不特异而成就则斐然可观，他们好比拿小本钱而做出大生意。这中间的差别就在努力与不努力了。牛顿可以说是科学家中一个天才了，他常常说："天才只是长久的耐苦。"这话虽似稍嫌过火，却含有很深的真理。只有死工夫固然不尽能发明或创造，但是能发明创造者却大半是下过死工夫来的。哲学中的康德、科学中的牛顿、雕刻图画中的米开朗琪罗、音乐中的贝多芬、书法中的王羲之、诗中的杜工部，这些实例已经够证明人力的重要，又何必多举呢？

最容易显出天才的地方是灵感。我们只须就灵感研究一番，就可以见出天才的完成不可无人力了。

杜工部尝自道经验说："读书破万卷，下笔如有神。"所谓"灵感"就是杜工部所说的"神"，"读书破万卷"是工夫，"下笔如有神"是灵感。据杜工部的经验看，灵感是从工夫出来的。如果我们藉心理学的帮助来分析灵感，也可以得到同样的结论。

灵感有三个特征：

一、它是突如其来的，出于作者自己意料之外的。根据灵感的作品大半来得极快。从表面看，我们寻不出预备的痕迹。作者丝毫不费心血，意象涌上心头时，他只要信笔疾书。有时作品已经创造成功了，他自己才知道无意中又成了一件作品。歌德著《少年维特之烦恼》的经过，便是如此。据他自己说，他有一天听到一位少年失恋自杀的消息，突然间仿佛见到一道光在眼前闪过，立刻就想出《维持》全书的间架。他费两个星期的工夫一口气把它写成。在复看原稿时，他自己很惊讶，没有费力就写成一本书，告诉人说："这部小册子好像是一个患睡行症者在梦中作成的。"

二、它是不由自主的，有时苦心搜索而不能得的偶然在无意之中涌上心头。希望它来时它偏不来，不希望它来时它却蓦然出现。法国音乐家柏辽兹有一次替一首诗作乐谱，全诗都谱成了，只有收尾一句（"可怜的兵士，我终于要再见法兰西！"）无法可谱。他再四思索，不能想出一段乐调来传达这句诗的情思，终于把它搁起。两年之后，他到罗马去玩，失足落水，爬起来时口里所唱的乐调，恰是两年前所再四思索而不能得的。

三、它也是突如其去的，练习作诗文的人大半都知道"败兴"的味道。"兴"也就是灵感。诗文和一切艺术一样都宜于乘兴会来时下手。兴会一来，思致自然滔滔不绝。没有兴会时写一句极平常的话倒比写什么还难。兴会来时最忌外扰。本来文思正在源源而来，外面狗叫一声，或是墨水猛然打倒了，便会把思路打断。断了之后就想尽方法也接不上来。谢无逸问潘大临近来作诗没有，潘大临回答说："秋来日日是诗思。昨日捉笔得'满城风雨近重阳'之句，忽催租人至，令人意败。辄以此一句奉寄。"这是"败兴"的最好的例子。

灵感既然是突如其来，突然而去，不由自主，那不就无法可以用人力来解释么？从前人大半以为灵感非人力，以为它是神灵的感动和启示。在灵感之中，仿佛有神灵凭附作者的躯体，暗中驱遣他的手腕，他只是坐享其成。但是从近代心理学发见潜意识活动之后，这种神秘的解释就不能成立了。

什么叫做"潜意识"呢？我们的心理活动不尽是自己所能觉到

的。自己的意识所不能察觉到的心理活动就属于潜意识。意识既不能察觉到，我们何以知道它存在呢？变态心理中有许多事实可以为凭。比如说催眠，受催眠者可以谈话、做事、写文章、做数学题，但是醒过来后对于催眠状态中所说的话和所做的事往往完全不知道。此外还有许多精神病人现出"两重人格"。例如一个人乘火车在半途跌下，把原来的经验完全忘记，换过姓名在附近镇市上做了几个月的买卖。有一天他忽然醒过来，发见身边事物都是不认识的，才自疑何以走到这么一个地方。旁人告诉他说他在那里开过几个月的店，他绝对不肯相信。心理学家根据许多类似事实，断定人于意识之外又有潜意识，在潜意识中也可以运用意志、思想，受催眠者和精神病人便是如此。在通常健全心理中，意识压倒潜意识，只让它在暗中活动。在变态心理中，意识和潜意识交替来去。它们完全分裂开来，意识活动时潜意识便沉下去，潜意识涌现时，便把意识淹没起。

灵感就是在潜意识中酝酿成的情思猛然涌现于意识。它好比伏兵，在未开火之前，只是鸦雀无声地准备，号令一发，它乘其不备地下总攻击，一鼓而下敌。在没有侦探清楚的敌人（意识）看，它好比周亚夫将兵从天而至一样。这个道理我们可以拿一件浅近的事实来说明。我们在初练习写字时，天天觉得自己在进步，过几个月之后，进步就猛然停顿起来，觉得字越写越坏。但是再过些时候，自己又猛然觉得进步。进步之后又停顿，停顿之后又进步，如此展转几次，字才写得好。学别的技艺也是如此。据心理学家的实验，在进步停顿时，你如果索性不练习，把它丢开去做旁的事，过些时候再起手来写，字仍然比停顿以前较进步。这是什么道理呢？就因为在意识中思索的东西应该让它在潜意识中酝酿一些时候才会成熟。工夫没有错用的，你自己以为劳而不获，但是你在潜意识中实在仍然于无形中收效果。所以心理学家有"夏天学溜冰，冬天学泅水"的说法。溜冰本来是在前一个冬天练习的，今年夏天你虽然是在做旁的事，没有想到溜冰，但是溜冰的筋肉技巧却恰在这个不溜冰的时节暗里培养成功。一切脑的工作也是如此。

灵感是潜意识中的工作在意识中的收获。它虽是突如其来，却不是毫无准备。法国大数学家潘嘉赛常说他的关于数学的发明大半是在街头闲逛时无意中得来的。但是我们从来没有听过有一个人向来没有在数学上用工夫，猛然在街头闲逛时发明数学上的重要原则。在罗马落水的如果不是素习音乐的柏辽兹，跳出水时也决不会随口唱出一曲乐调。他的乐调是费过两年的潜意识酝酿的。

从此我们可以知道"读书破万卷，下笔如有神"两句诗是至理名言了。不过灵感的培养正不必限于读书。人只要留心，处处都是学问。艺术家往往在他的艺术范围之外下工夫，在别种艺术之中玩索得一种意象，让它沉在潜意识里去酝酿一番，然后再用他的本行艺术的媒介把它翻译出来。吴道子生平得意的作品为洛阳天宫寺的神鬼，他在下笔之前，先请裴旻舞剑一曲给他看，在剑法中得着笔意。张旭是唐朝的草书大家，他尝自道经验说："始吾见公主担夫争路，而得笔法之意；后见公孙氏舞剑器，而得其神。"王羲之的书法相传是从看鹅掌拨水得来的。法国大雕刻家罗丹也说道："你问我在什么地方学来的雕刻？在深林里看树，在路上看云，在雕刻室里研究模型学来的。我在到处学，只是不在学校里。"

从这些实例看，我们可知各门艺术的意象都可触类旁通。书画家可以从剑的飞舞或鹅掌的拨动之中得到一种特殊的筋肉感觉来助笔力，可以得到一种特殊的胸襟来增进书画的神韵和气势。推广一点说，凡是艺术家都不宜只在本行小范围之内用工夫，须处处留心玩索，才有深厚的修养。鱼跃鸢飞，风起水涌，以至于一尘之微，当其接触感官时我们虽常不自觉其在心灵中可生若何影响，但是到挥毫运斤时，他们都会涌到手腕上来，在无形中驱遣它，左右它。在作品的外表上我们虽不必看出这些意象的痕迹，但是一笔一划之中都潜寓它们的神韵和气魄，这样意象的蕴蓄便是灵感的培养。它们在潜意识中好比桑叶到了蚕腹，经过一番咀嚼组织而成丝，丝虽然已不是桑叶而却是从桑叶变来的。

十五　"慢慢走，欣赏啊！"

——人生的艺术化

　　一直到现在，我们都是讨论艺术的创造与欣赏。在收尾这一节中，我提议约略说明艺术和人生的关系。

　　我在开章明义时就着重美感态度和实用态度的分别，以及艺术和实际人生之中所应有的距离，如果话说到这里为止，你也许误解我把艺术和人生看成漠不相关的两件事。我的意思并不如此。

　　人生是多方面而却互相和谐的整体，把它分析开来看，我们说某部分是实用的活动，某部分是科学的活动，某部分是美感的活动，为正名析理起见，原应有此分别；但是我们不要忘记，完满的人生见于这三种活动的平均发展，它们虽是可分别的而却不是互相冲突的。"实际人生"比整个人生的意义较为窄狭。一般人的错误在把它们认为相等，以为艺术对于"实际人生"既是隔着一层，它在整个人生中也就没有什么价值。有些人为维护艺术的地位，又想把它硬纳到"实际人生"的小范围里去。这班人不但是误解艺术，而且也没有认识人生。我们把实际生活看作整个人生之中的一片段，所以在肯定艺术与实际人生的距离时，并非肯定艺术与整个人生的隔阂。严格地说，离开人生便无所谓艺术，因为艺术是情趣的表现，而情趣的根源就在人生；反之，离开艺术也便无所谓人生，因为凡是创造和欣赏都是艺术的活动，无创造、无欣赏的人生是一个自相矛盾的名词。

人生本来就是一种较广义的艺术。每个人的生命史就是他自己的作品。这种作品可以是艺术的，也可以不是艺术的，正犹如同是一种顽石，这个人能把它雕成一座伟大的雕像，而另一个人却不能使它"成器"，分别全在性分与修养。知道生活的人就是艺术家，他的生活就是艺术作品。

过一世生活好比做一篇文章。完美的生活都有上品文章所应有的美点。

第一，一篇好文章一定是一个完整的有机体，其中全体与部分都息息相关，不能稍有移动或增减。一字一句之中都可以见出全篇精神的贯注。比如陶渊明的《饮酒》诗本来是"采菊东篱下，悠然见南山"，后人把"见"字误印为"望"字，原文的自然与物相遇相得的神情便完全丧失。这种艺术的完整性在生活中叫做"人格"。凡是完美的生活都是人格的表现。大而进退取与，小而声音笑貌，都没有一件和全人格冲突。不肯为五斗米折腰向乡里小儿，是陶渊明的生命史中所应有的一段文章，如果他错过这一个小节，便失其为陶渊明。下狱不肯脱逃，临刑时还叮咛嘱咐还邻人一只鸡的债，是苏格拉底的生命史中所应有的一段文章，否则他便失其为苏格拉底。这种生命史才可以使人把它当作一幅图画去惊赞，它就是一种艺术的杰作。

其次，"修辞立其诚"是文章的要诀，一首诗或是一篇美文一定是至性深情的流露，存于中然后形于外，不容有丝毫假借。情趣本来是物我交感共鸣的结果。景物变动不居，情趣亦自生生不息。我有我的个性，物也有物的个性，这种个性又随时地变迁而生长发展。每人在某一时会所见到的景物，和每种景物在某一时会所引起的情趣，都有它的特殊性，断不容与另一人在另一时会所见到的景物，和另一景物在另一时会所引起的情趣，完全相同。毫厘之差，微妙所在。在这种生生不息的情趣中，我们可以见出生命的创化。把这种生命流露于语言文字，就是好文章；把它流露于言行风采，就是美满的生命史。

文章忌俗滥，生活也忌俗滥。俗滥就是自己没有本色而蹈袭别人的成规旧矩。西施患心病，常捧心颦眉，这是自然的流露，所以愈增其美。东施没有心病，强学捧心颦眉的姿态，只能引人嫌恶。在西施是创作，在东施便是滥调。滥调起于生命的枯渴，也就是虚伪的表现。"虚伪的表现"就是"丑"，克罗齐已经说过。"风行水上，自然成纹"，文章的妙处如此，生活的妙处也是如此。在什么地位，是什样的人，感到什样情趣，便现出什样言行风采，叫人一见就觉其谐和完整，这才是艺术的生活。

俗语说得好，"惟大英雄能本色"，所谓艺术的生活就是本色的生活。世间有两种人的生活最不艺术，一种是俗人，一种是伪君子。"俗人"根本就缺乏本色，"伪君子"则竭力遮盖本色。朱晦庵有一首诗说：

半亩方塘一鉴开，天光云影共徘徊。问渠那得清如许？为有源头活水来。

艺术的生活就是有"源头活水"的生活。俗人迷于名利，与世浮沉，心里没有"天光云影"，就因为没有源头活水。他们的大病是生命的枯渴。"伪君子"则于这种"俗人"的资格之上，又加上"沐猴而冠"的伎俩。他们的特点不仅见于道德上的虚伪，一言一笑、一举一动，都叫人起不美之感。谁知道风流名士的架子之中掩藏了几多行尸走肉？无论是"俗人"或是"伪君子"，他们都是生活上的"苟且者"，都缺乏艺术家在创造时所应有的良心。像柏格森所说的，他们都是"生命的机械化"，只能作喜剧中的角色。生活落到喜剧里去的人大半都是不艺术的。

艺术的创造之中都必寓有欣赏，生活也是如此。一般人对于一种言行常欢喜说它"好看"、"不好看"，这已有几分是拿艺术欣赏的标准去估量它。但是一般人大半不能彻底，不能拿一言一笑、一举一动纳在全部生命史里去看，他们的"人格"观念太淡薄，所谓"好看"、"不好看"往往只是"敷衍面子"。善于生活者则彻底认真，不让一尘一芥妨碍整个生命的和谐。一般人常以为艺术家是一班最随便的人，其实在艺术范围之内，艺术家是最严肃不过的。在锻炼作品时常呕心呕肝，一笔一划也不肯苟且。王荆公作"春风又绿江南岸"一句诗时，原来"绿"字是"到"字，后来由"到"字改为"过"字，由"过"字改为"入"字，由"入"字改为"满"字，改了十几次之后才定为"绿"字。即此一端可以想见艺术家的严肃了。善于生活者对于生活也是这样认真。曾子临死时记得床上的席子是季路的，一定叫门人把它换过才瞑目。吴季札心里已经暗许赠剑给徐君，没有实行徐君就已死去，他很郑重地把剑挂在徐君墓旁树上，以见"中心契合死生不渝"的风谊。像这一类的言行看来虽似小节，而善于生活者却不肯轻易放过，正犹如诗人不肯轻易放过一字一句一样。小节如此，大节更不消说。董狐宁愿断头不肯掩盖史实，夷齐饿死不愿降周，这种风度是道德的也是艺术的。我们主张人生的艺术化，就是主张对于人生的严肃主义。

艺术家估定事物的价值，全以它能否纳入和谐的整体为标准，往往出于一般人意料之外。他能看重一般人所看轻的，也能看轻一般人所看重的。在看重一件事物时，他知道执着；在看轻一件事物时，他也知道摆脱。艺术的能事不仅见于知所取，尤其见于知所舍。苏东坡论文，谓如水行山谷中，行于其所不得不行，止于其所不得不止。这就是取舍恰到好处，艺术化的人生也是如此。善于生活者对于世间一切，也拿艺术的口胃去评判它，合于艺术口胃者毫毛可以变成泰山，不合于艺术口胃者泰山也可以变成毫毛。他不但能认真，而且能摆脱。在认真时见出他的严肃，在摆脱时见出他的豁达。孟敏堕甑，不顾而去，郭林宗见到以为奇怪。他说："甑已碎，顾之何益?"哲学家斯宾诺莎宁愿靠磨镜过活，不愿当大学教授，怕妨碍他的自由。王徽之居山阴，有一天夜雪初霁，月色清朗，忽然想起他的朋友戴逵，便乘小舟到剡溪去访他，刚到门口便把船划回去。他说："乘兴而来，兴尽而返。"这几件事彼此相差很远，却都可以见出艺术家的豁达。伟大的人生和伟大的艺术都要同时并有严肃与豁达之胜。晋代清流大半只知道豁达而不知道严肃，宋朝理学又大半只知道严肃而不知道豁达。陶渊明和杜子美庶几算得恰到好处。

一篇生命史就是一种作品，从伦理的观点看，它有善恶的分别；从艺术的观点看，它有美丑的分别。善恶与美丑的关系究竟如何呢？

就狭义说，伦理的价值是实用的，美感的价值是超实用；伦理的活动都是有所为而为，美感的活动则是无所为而为。比如仁义忠信等等都是善，问它们何以为善，我们不能不着眼到人群的幸福。美之所以为美，则全在美的形相本身，不在它对于人群的效用（这并不是说它对于人群没有效用）。假如世界上只有一个人，他就不能有道德的活动，因为有父子才有慈孝可言，有朋友才有信义可言。但是这个想像的孤零零的人还可以有艺术的活动，他还可以欣赏他所居的世界，他还可以创造作品。善有所赖而美无所赖，善的价值是"外在的"，美的价值是"内在的"。

不过这种分别究竟是狭义的。就广义说，善就是一种美，恶就是一种丑。因为伦理的活动也可以引起美感上的欣赏与嫌恶。希腊大哲学家柏拉图和亚理斯多德讨论伦理问题时都以为善有等级，一般的善虽只有外在的价值，而"至高的善"则有内在的价值。这所谓"至高的善"究竟是什么呢？柏拉图和亚理斯多德本来是一走理想主义的极端，一走经验主义的极端，但是对于这个问题，意见却是一致。他们都以为"至高的善"在"无所为而为的玩索"（Disinterested Contemplation）。这种见解在西方哲学思潮上影响极大，斯宾诺莎、黑格尔、叔本华的学说都可以参证。从此可知西方哲人心目中的"至高的善"还是一种美，最高的伦理的活动还是一种艺术的活动了。

"无所为而为的玩索"何以看成"至高的善"呢？这个问题牵到西方哲人对于神的观念。从耶稣教盛行之后，神才是一个大慈大悲的道德家。在希腊哲人以及近代莱布尼兹、尼采、叔本华诸人的心目中，神却是一个大艺术家，他创造这个宇宙出来，全是为着自己要创造，要欣赏。其实这种见解也并不减低神的身分。耶稣教的神只是一班穷叫化子中的一个肯施舍的财主佬，而一般哲人心中的神，则是以宇宙为乐曲而要在这种乐曲之中见出和谐的音乐家。这两种观念究竟是哪一个伟大呢？在西方哲人想，神只是一片精灵，他的活动绝对自由而不受限制，至于人则为肉体的需要所限制而不能绝对自由。人愈能脱肉体需求的限制而作自由活动，则离神亦愈近。"无所为而为的玩索"是唯一的自由活动，所以成为最上的理想。

这番话似乎有些玄渺，在这里本来不应说及。不过无论你相信不相信，有许多思想却值得当作一个意象悬在心眼前来玩味玩味。我自己在闲暇时也欢喜看看哲学书籍。老实说，我对于许多哲学家的话都很怀疑，但是我觉得他们有趣。我以为穷到究竟，一切哲学系统也都只能当作艺术作品去看。哲学和科学穷到极境，都是要满足求知的欲望。每个哲学家和科学家对于他自己所见到的一点真理（无论它究竟是不是真理）都觉得有趣味，都用一股热忱去欣赏它。真理在离开实用而成为情趣中心时就已经是美感的对象了。"地球绕日运行"，"勾方加股方等于弦方"一类的科学事实，和《密罗斯爱神》或《第九交响曲》一样可以摄魂震魄。科学家去寻求这一类的事实，穷到究竟，也正因为它们可以摄魂震魄。所以科学的活动也还是一种艺术的活动，不但善与美是一体，真与美也并没有隔阂。

艺术是情趣的活动，艺术的生活也就是情趣丰富的生活。人可以分为两种，一种是情趣丰富的，对于许多事物都觉得有趣味，而且到处寻求享受这种趣味；一种是情趣枯竭的，对于许多事物都觉得没有趣味，也不去寻求趣味，只终日拼命和蝇蛆在一块争温饱。后者是俗人，前者就是艺术家。情趣愈丰富，生活也愈美满，所谓人生的艺术化就是人生的情趣化。

"觉得有趣味"就是欣赏。你是否知道生活，就看你对于许多事物能否欣赏。欣赏也就是"无所为而为的玩索"。在欣赏时人和神仙一样自由，一样有福。

阿尔卑斯山谷中有一条大汽车路，两旁景物极美，路上插着一个标语牌劝告游人说："慢慢走，欣赏啊！"许多人在这车如流水马如龙的世界过活，恰如在阿尔卑斯山谷中乘汽车兜风，匆匆忙忙地急驰而过，无暇一回首流连风景，于是这丰富华覆的世界便成为一个了无生趣的囚牢。这是一件多么可惋惜的事啊！

朋友，在告别之前，我采用阿尔卑斯山路上的标语，在中国人告别习用语之下加上三个字奉赠：

"慢慢走，欣赏啊！"

光 潜

一九三二年夏，莱茵河畔。

志谢

这部稿子承朱自清、萧石君、奚今吾三位朋友替我仔细校改过。我每在印成的文章上发见到自己不小心的地方就觉得头痛，所以对他们特别感谢。

光　潜

附录：近代实验美学

第一章　颜色美

　　拿科学方法来作美学的实验从德国心理学家斐西洛（Fechner 1801～1887）起，所以实验美学的历史还不到一百年。这样短的时间中当然难有很大的收获，不过就已得的结果说，它对于理论方面有时也颇有帮助。理论上许多难题将来也许可以在实验方面寻得解决，所以实验美学特别值得注意。我们在以下三章中约述近代美学对于色、形、声的实验。

　　实验美学在理论上有许多困难，这是我们不容讳言的。第一，美的欣赏是一种完整的经验，而科学方法要知道某特殊现象恰起于某特殊原因，却不得不把这种完整的经验打破，去仔细分析它的成分。譬如一幅画所表现的是一个完整的境界，它所以美也就美在这完整的境界，其中各部分都因全体而得意义。实验美学格于科学方法，不能很笼统地拿全幅画来做对象，须把它分析为若干颜色、若干形体、若干光影，然后再问它们对于观者所生的心理影响如何。但是独立的颜色、形体和光影是一回事，在图画中颜色、形体和光影又是一回事。全体和部分相匀称、调和才能引起美感，把全体拆碎而只研究部分，则美已无形消失。总之，艺术作品的各部分之和并不能等于全体，而实验美学却须于部分之和求全体，所以结果有时靠不住。把全幅画拆碎而单论某形某色以寻美之所在，也犹如把整个的人剖开而单论手足脏腑以求生命之所在，同是一样荒谬。因此，文学家和艺术家们听到心理学家们把文艺作品拿到实验室里去分析，往往嗤笑他们愚昧。在他们看，文艺作品都带有几分飘忽的神秘性，不是科学所能捉摸到的。拿科学来讨论文艺，好比拿灯光来寻阴影。

第二，个个人不一定都知道什么叫做"美"，但是个个人都知道什么叫做"愉快"。拿一幅画给一个小孩子或是一个乡下人看，问他的意见如何，他说"很好看"。他所谓"很好看"就是指"美"么？如果追问他一句"它为什么好看？"他说："我欢喜看它，看了它我就觉得愉快。"通常人所谓"美"大半都是指"愉快"，他看得很惬意，所以就说是"美"。心理学家的毛病也往往就在不分"美"与"愉快"，所以在实验时不问："你觉得它美么？"只问："你欢喜它么？看见它觉得愉快么？"本来一般人不明白"美"和"愉快"的分别，你就是问到美不美，他心里也还是只想到愉快不愉快，所以心理学家就是换个字样来问，也并无济于事。美感虽是快感，而快感却不一定是美感。实验心理学只能研究某种颜色、某种形体或是某种声音最能引起快感，却不能因而就断定它就是美。如果他这样断定，他就不免堕入"享乐派美学"的谬误了。

我们研究近代美学实验时，心里应时常记起这两个要点。在我们看，近代许多实验都忽视了这两个要点，所以它们的结果对于普通心理学虽然重要，而对于文艺心理学则只能供给一点聊助参考的材料。

我们先讲颜色。在图画、服装、器皿和自然景物之中，颜色都是很重要的成分。近代画家对于颜色和线形的重要争论极烈。佛罗伦萨派颇重线形的布置，以为图画的要务在制图；威尼斯派和印象派都偏重颜色的配合，以为图画的要务在着色。颜色所生的影响随人而异，甲欢喜红色，乙欢喜绿色，各有各的偏好。这种偏好是怎样起来的呢？颜色心理学所要研究的就是这个问题。概括地说，颜色的偏好一半起于生理作用，一半起于心理作用。

生理的组织不同，颜色所生的影响也就随之而异。同是一个颜色，合于某个人、某民族或是在某年龄的生理组织，不必合于另一个人、另一民族或是另一年龄的生理组织，所以甲欢喜它而乙嫌恶它。从前心理学家大半以为颜色的偏好全起于心理的联想作用。例如红是火的颜色，所以看到红色可以使人觉得温暖，青是田园草木的颜色，所以看到青色可以使人觉得平静。这种联想作用我们在下文还要详论，它自然可以解释一部分的事实，但是有些颜色的偏好却与联想无关。初出世的婴儿没有多少联想，可是他对于颜色也有偏好。据拉塔（Latta）教授的实验，有一个生来盲目者后来经医生施用手术，把障膜割去，第一次张眼看世界，见到红色就觉得愉快，见到黄色就发晕。这决不是联想作用可以解释的。动物对于颜色也有偏好，阿米巴避红光不避绿光，就是一个好例。有一位科学家曾经用同数蚯蚓摆在中有一孔相通的两个盒子里，一个盒子含红光，一个盒子含绿光。他每点钟开盒检点一次，发现绿光盒的蚯蚓逐渐爬到红光盒里去。他又用同样方法证明蚯蚓欢喜青色甚于欢喜绿色。这样低等的动物在生理方面都有适应颜色的生理组织，在人类自不用说了。

据一般实验的结果，儿童大半欢喜极鲜明的颜色，红、黄两色是一般儿童的偏好。实验时大半用两种颜色纸或木块摆在儿童面前，看他伸手抓某种颜色，就把它记录下来。实验的次数愈多，结果自然也愈可靠。每两种颜色至少须实验两次，第二次须把左右的位置互换，因为在右手方的颜色比左手方的被抓的机会较大。瓦伦汀（Valentine）教授曾经用下列方法试验一个三月半的孩子。他把孩子摆在褥子上，自己用两手执两个着色的羊毛球站在他面前一英尺半路的地方让他看。他看到孩子的眼球向某颜色移转，就告诉助手把该颜色记下。他的眼球转去时，他又叫助手记录下来，把每转动的时间也记着。每一对颜色都给他看两次，每次的左右的次序不同，都以两分钟为限。隔一天他又另换一对颜色试试。总共他用了九种颜色，作了七十二次试验，所以每种颜色都和其他八种颜色相对比较过。他把孩子看每种颜色的各次的时间总数相加起来，和他看其余八种颜色各项的时间总数相较，得到下列的百分比：黄，百分之八十；白，百分之七十四；淡红，百分之七十二；红，百分之四十五；棕，百分之三十七；黑，百分之三十五；蓝，百分之二十九；青，百分之二十八；紫，百分之九。最鲜明的（就是含白的成分最多的）颜色都列在前面。

年龄渐大，颜色的偏好也渐改变。比利时心理学者在安特卫普城各学校实验儿童的色觉，发现四岁至九岁的儿童最爱红色，九岁以上的儿童最爱绿色。文齐（Winch）在伦敦试验过二千学童（从七岁至十五岁），叫他们顺自己的嗜好把黑、白、红、青、黄、绿六种颜色列出次第来，发现男生的平均次第为绿、红、青、黄、白、黑，女生的平均次第为绿、红、白、青、黄、黑。再就年龄的差异说，最幼的多爱红色，较长的多爱绿色，和比利时的结果相符合。在婴儿时期中颜色的偏好可以说全由生理作用；年龄渐长，联想作用便逐渐渗入。据实验的结果，乡间儿童比城里儿童较爱青色，这有一部分由于青色和草木的联想。女孩比男孩较爱白色，也由于白色和清洁的联想。

愈近成年期，颜色的偏好就愈受联想作用的影响，所以对于成人的颜色试验颇非易事。据实验的结果，美国大学生偏好白、红、黄三色；英国男子爱好颜色的次第为青、绿、红、白、黄、黑，女子的次第为绿、青、白、红、黄、黑。这两种结果显然互相冲突。这或因为种族和区域的差异。南欧和热带的人所好的颜色较鲜明，北欧和寒带的人所好的颜色较暗淡。这种分别只要拿意大利画和荷兰画相较，或是拿热带人的衣服和寒带人的衣服相较，便易见出。

各民族感觉颜色的能力往往随文化程度而变迁。希腊荷马史诗中有"黄"字和"红"字,有意义较暧昧的"青"字,没有"蓝"字和"棕"字。在中国古书中,依我所记得的,"蓝"字最早见于《荀子》("青出于蓝")。其他各国古书中"蓝"字也少见。据近代学者的调查,许多蒙昧民族(例如 Madras 的 Uralis 和 Sholagas 两民族及 Mutray 岛人)的语言中都只有"红"字和"黄"字,没有"蓝"字,"青"字也很少见。因此有人以为"蓝"的色觉起来最迟。婴儿在九岁以下都不好蓝色,也许与种族史有关。至于迟起的原因有人以为是生理的。较原始的民族的眼膜"黄点"的色斑较强,蓝色光和青色光到眼膜时就被它吸收了。有人以为它是心理的。原始的民族不很注意青、蓝二色,所以没有替它们起名字。

颜色的偏好不仅因种族和年龄而异,就是在同一种族、同一年龄的人也有差别。以前各种实验大半都是窥测大多数人的普遍倾向,首先顾到色觉的个别的差异者要推布洛。他的实验结果是对于美学颇有贡献的,不像从前的试验把"美"和"愉快"混为一谈,在一切颜色实验中它最为重要。他的方法和从前所用的也微有不同。从前人大半取两种或数种颜色叫受验者看,问他偏好哪一种。布洛每次只取一种颜色给受验者看,问他欢喜不欢喜,并且要他说出缘故来。他先后试验过四十三个成年人,每人都看过三十种颜色。结果他发现人在色觉方面可分为四类。

一、客观类(objective type):这一类人看颜色只注意到它是否鲜明,是否饱和,是否纯粹。他的态度是理智的、批评的,不杂有丝毫情感的成分。他看到一种颜色，立刻就去分析它，看它的成分如何，有没有旁的颜色夹杂在内。他对于颜色的欣赏力最薄弱，对于许多颜色都不表好恶，听到旁人说某种颜色美，某种颜色丑，他只觉得茫然。他心中也有所谓"好颜色"，但是大半只指纯粹、饱和的颜色。他好像严守义法的批评家，拿预定的标准来批评颜色的好坏。

二、生理类（physiological type）：这一类人看颜色，偏重它的生理的影响。他说："我欢喜这种颜色，因为它很温和，看起来眼睛很爽快；我不欢喜那种颜色，因为它刺激太烈，令人头昏目眩。"这类人的偏好大半都很明显，欢喜强烈刺激者偏好红色，欢喜和平刺激者偏好青色。颜色对于他们都有温度，有些是"热"的，有些是"冷"的。有一个受验者看到浅蓝色时甚至于打寒颤。有时他们又觉得颜色有重量。深暗的颜色都很沉重，令他们倦闷，浅淡的颜色都很轻便，令他们欣喜。这类人极多。他们的欣赏颜色的能力虽较客观类稍强，但是他们的注意力集中于颜色的生理影响，对于美感的欣赏还是缺乏。

三、联想类（associative type）：这类人看颜色，往往立刻就想到和它有关联的事物，例如见蓝色联想到天空，见红色联想到火，见青色联想到草木。这种联想大半是很普遍的，红色的联想大半是火，蓝色的联想大半是天空。但是它有时也是个别的，例如有一位受验者见到黄青色就联想到金鸡纳霜。联想可以把以往附丽在某事物的情感移到和它发生联想的颜色上面去。所以颜色对于这类人所引起的情感往往很强烈。"记得绿罗裙，处处怜芳草"就是一个好例。从生理的观点看来是不常引起快感的颜色可以因情感的联想而引起快感。例如正蓝色向来比深暗的黄青色较悦目，但是据瓦伦汀的实验，有一个女子却取深暗的黄青色而不取正蓝色，因为深暗的黄青色使她联想到她所最爱的秋天景色。属于这类者女子居多。我们已讨论过联想和美感的关系，曾否认联想所引起的情感为美感。依布洛说，联想有种类的不同，其在美感上的价值自亦不能一致。譬如同是青色，甲见到它联想到草木，乙见到它联想到药水，甲和乙的情感在美感上的价值自不能相提并论；甲的联想带有几分客观性，多数看见青色都联想到草木；乙的联想却完全是主观的、偶然的。论理，甲比乙对于青色的反应较近于美感经验。联想愈客观愈近于美感。但是只是"客观"一个条件也不能组成美感。如果甲的情感真是美感，他的生于联想内容（草木）的情感须能和生于颜色（青色）的情感相融化，使颜色恰能表现联想内容的神髓。布洛分联想为"融化的"（fused）和"不融化的"（non-fused）两种。不曾和联想内容相融化的颜色所联想起的情感就不是美感。

四、性格类（character type）：在这类人看，每种颜色都像人一样，都各有特殊的性格。有些颜色是和善的，有些颜色是勇敢的，有些颜色是狡猾的，有些颜色是神秘的。他们和以上三类都不相同。他们对于颜色能发生情感的共鸣，不像"客观类"全用冷静的分析。他们觉得颜色自身能表现情感，不像"生理类"只觉得颜色能引起人的情感。譬如他们和"生理类"都说"黄色是一种畅快的颜色"，而意义却不同，他们觉得黄色自己畅快，而"生理类"则只觉得它能使人畅快。他们对于同样颜色的性格，往往彼此所见略同。颜色的性格对于他们常有很深的客观性，不像"联想类"全凭主观，飘忽无定，这个人见到青色联想到草木，那个人见到青色联想到药水。在他们看，颜色的性格大半是固定的。红色大半是活跃的、豪爽的、富于同情心的。蓝色大半是冷静的、深沉的、不轻于让旁人知道自己的。黄色是畅快的、轻浮的。青色是古板的、闲逸的、带有几分"中产阶级的气派"。两种颜色相配合时，所生的性格往往恰能调剂两种本色的性格。例如橙色是红、黄两色配合而成的，它一方面失去若干黄色所固有的轻便，一方面也失去若干红色所固有的豪爽。颜色都有性格，所以在文艺上和宗教上常有象征的功用。中国从前每朝代都有"色尚某"的规定，就是用颜色来象征一种性格。

颜色何以使人觉得它有性格呢？我们看见红色，何以觉得它活跃豪爽、富于同情心呢？各派学者对于这个问题有种种的解答。有人说它由于颜色和事物所发生的联想。这种解释显然不甚圆满，因为联想随人而异，而颜色的性格则许多人所觉得的都相同。属于"联想类"者常自己觉得某种颜色和某种事物可发生联想，属于"性格类"者并不觉得有这种联想存在。立普斯派学者用"视觉的移情作用"来解释。我们在第三章已见过，"移情作用"以类似联想为基础。象征派文学家常觉得每个字音都有颜色，便是类似联想的好例。例如 u 的声音常令人联想到深蓝的颜色。声音由听觉得来，颜色由视觉得来，两种经验的内容绝不相同。但是见蓝色和听 u 音时，两种经验在形式上却有几分类似；它们对于自我所生的影响都是很平静的、严肃的、深长的，所以它们能发生联想。见到红色感到豪爽的性格也由于这种形式上的类似，红色和豪爽人所引起的情感是相同的。见到红色，唤起我的豪爽的情思，我于是本移情作用把豪爽看成颜色的性格。

布洛承认颜色的性格起于移情作用，而却否认它起于类似联想。依他说，在见颜色具有性格时，我们先把物对于我所生的生理的影响移还到物的本身上去，然后再把物理的性质（如温暖、沉重、力量等等）译为心理的性格（如和蔼、豪爽、狡猾等等）。比如大红色本有很强烈的刺激性，受验的如果只觉得这种强烈的刺激因而发生快感或不快感，他就只属于"生理类"。"性格类"由"生理类"再进一步。他把物我的界限忘去，把本来在我的印象混为物的本质，使强烈的刺激经"外射作用"移到颜色本身上去，于是本来在我的强烈刺激的感觉遂变为在颜色的力量。这所谓"力量"还只是一种物理的性质。属"性格类"者又把这种物理的性质译为心理的性格，于是有"活跃"、"豪爽"等等感觉。同理，红色本来是"暖"色，"暖"是在我的感觉，我把它移到色的本身上去，于是红色便变为"暖"的东西，次又把这物理的"暖"译为心理的性格，于是红色便"富于同情心"了。照这样看，属"性格类"者感觉颜色时恰能做到我们在第三章所说的"物我的同一"。他以整个的心灵去观照颜色，而却不自觉是在观照颜色，以至于我的情绪和色的姿态融合一气，这是真正的美感经验。所以布洛以为在上述四类人之中，"性格类"最能以美感的态度欣赏颜色。

以上都是个别颜色的研究。艺术作品单用一种颜色的很少。用颜色最多的艺术是图画，图画大半都是把许多颜色配合在一块。配合的次第和美感的关系亦极密切。颜色的配合有一条极重要的原理，就是布洛所说的"重量原理"（Weight-principle）。依这个原理，较深的颜色应该摆在较浅的颜色之下，如果把浅色放在深色之下，我们就觉得上部太沉重，下部基础太轻浮，好像站不稳似的。比如把一丈高的墙壁从中腰平分，用深红和浅红两种包纸来糊它，我们总欢喜把深红糊在浅红之下，如果深红糊在浅红之上，我们就嫌轻重倒置，觉得不爽快。这个重量原理是画家和装饰家所必须注意的。

　　布洛常用各种颜色的形状来试验颜色的重量原理，比如有两个面积角度都相等的三角形叫做甲和乙（如下图），它们都从中腰平分，然后着两种深浅不同的颜色，使在甲形占上半的浅色在乙形占下半，在甲形下半的深色在乙形占上半。布洛使受验者比较甲乙两形，问他喜欢哪一个，并且叫他说出理由来。他试验过五十人，发现多数人都欢喜甲形而不欢喜乙形。他们大半说甲形比较稳定，乙形上半太沉重，下半太轻浮，令人生首尾倒置的感觉。

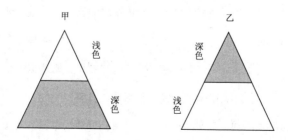

　　事实是如此，它的理由何在呢？颜色何以使人生重量感觉呢？浅

色在深色之下何以看起来不稳定呢？多数受验者对于这种问题都茫然不能作答。有一部分人说它起于联想作用。我们在自然界中常见深色在下，浅色在上，海的颜色通常较深于天的颜色，山脚的颜色通常较深于山顶的颜色。我们对于上浅下深习以为常，猛然间看见习惯的次第颠倒过来，便不免感觉不快。颜色的重量原理即起于此。布洛举出两条理由，证明这种联想说不能成立。第一，在自然界中浅色并不常在深色之上。例如一片金黄色的麦浪和一座葱翠的丛林相邻接，从这一方看，深色固然在浅色之下，可是从反对的方面看，深色却在浅色之上。浅色的墙壁上面盖着深色的屋顶也是很寻常的。第二，从实验的结果看，重量原理和联想原理也常相冲突。例如一个圆形上半着蓝色，下半着青色，常使受验者联想到蔚蓝的天空笼盖着青绿的山水，可是在发生这种联想时他就不觉得颜色有重量，就不觉得它上重下轻。有时同一受验者对于同样的颜色配合可以发生两种不同的反应。他说：如果把它看作一个小坡，我觉得甲形和乙形没有什么分别，可是如果不起联想，只把它当作一种形体看，我却欢喜甲形"，从此可知重量原理和联想原理是不相容的。依布洛的意见，重量原理完全起于数量的比较，与联想作用并无关系。在深红中红的颜料比在浅红中的较多，深红比浅红更红。这种"较多"、"更红"的感觉就是引起重量感觉的。我们无意中拿"重轻"来翻译"多寡"。

不但深浅两种颜色配合在一块可以见出颜色的重量，就是个别的颜色单独看起来也有轻重的分别。黄色和青色比蓝色和紫色较浅，所以单看起来黄色和青色是轻的，蓝色和紫色是重的，颜色的性格也有时起于重量感觉。金黄色是很轻的，所以看起来像是很灵活快乐；深蓝色是很重的，所以看起来很严肃沉闷。

颜色的配合不仅要顾到上下左右的位置，还要顾到色调的种类。据法国效佛洛尔（Chevreul）的研究，凡是颜色在独立时看起来是一样，在和其他颜色相配合时又另是一样。换句话说，两种颜色相配合时，它们本来的色调都要经过若干变化。例如红色摆在黄色旁边时，红色便微带紫色，黄色便微带青色。所以有些颜色宜于相配合，有些颜色不宜于相配合。什么颜色才宜于相配合呢？据一般科学家的研究，最宜于的配合是互为补色的两种颜色，补色（complementary colour）就是两种色光相合即成白色的颜色。红色和青色、蓝色和黄色都是补色。所以绘画着色时，红色和青色宜于摆在一块，红色和黄色不宜于摆在一块。画家往往于青色山水的背景上面加上穿红衫的妇女，就是要使全画的色调带有生气。冬天花瓶里插冬青叶果，叶是青色，果为红色，彼此相得益彰，所以非常雅观。如果只有青叶，或是只有红果，印象便比较呆板。这就是补色相调和的道理。

补色何以能互相调和呢？我们何以欢喜看互为补色的颜色摆在一块呢？据格兰特·亚伦（Grant Allen）的解释，补色的调和起于生理作用。如果我们注视红色物过久至于疲倦时移视白色天花板，则在板上仍能见出原物的"余像"，不过它的颜色由红变而为青。反之，如果我们注视青色物过久至于疲倦时移视白色天花板，则在板上，亦仍能见出原物的"余像"，不过它的颜色由青变而为红。这件事实就可以解释补色相调剂的道理。注视红色物过久时，网膜上感受红色的神经就要疲倦，但是周围感受青色的神经仍未使用，仍甚灵活，所以移视天花板时，感受红色的神经因疲倦而休息，而感受青色（红色的补色）的神经则继之活动，所以原物的"余像"为青色。换句话说，青色可以救济感受红色神经的疲倦，红色也可以救济感受青色神经的疲倦。因此，任何两种补色摆在一块时，视神经可以受最大量的刺激而生极小量的疲倦，所以补色的配合容易引起快感。

第二章　形体美

一、严格地说，凡是美的事物都必具有一种形体。图画、雕刻、人物、风景，固不用说，就是音乐的节奏也可以说是形体的变象，所不同者形体是空间上的配合，节奏是时间上的配合而已。形体的单位为线。线虽单纯，也可以分别美丑，在艺术上的位置极为重要。建筑风格的变化就是以线为中心。希腊式建筑多用直线，罗马式建筑多用弧线，"哥特式"建筑多用相交成尖角的斜线，这是最显著的例。同是一样线形，粗细、长短、曲直不同，所生的情感也就因之而异。据画家霍加斯（Hogarth）的意见，线中最美的是有波纹的曲线。

近代实验虽没有完全证实这个说法，曲线比较能引起快感，是大多数人所公认的。

同是单纯的线，何以有些能引起快感，有些不能引起快感呢？最普通的解释是筋肉感觉说。依这一说，眼球在看曲线时比较看直线不费力，所以曲线的筋肉感觉比较直线的筋肉感觉为舒畅。如果这一说可靠，则形体美的欣赏完全是感官的快感。但是斯屈拉东（Stratton）和瓦伦汀（Valentine）都反对这一说。他们举了三个反证。第一，我们寻常对于眼球运动并不能意识到。比如深夜里有一微光射在墙壁上，光虽然是固定的，我们看来却常觉它移动，这就由于我们把自己没有意识到的眼球运动误认为光的运动。如果我们对于眼球筋肉的一动一静都能意识到，就不会发生这种错觉。第二，我们把眼睛闭起，随意转动眼球，无论转得如何轻便，我们也决不能得到欣赏美线形的快感。这也可以证明筋肉感觉和美感是两件事。第三，斯屈拉东曾用照相机摄取眼球在看曲线的运动路径，发现它并不循曲线运动的轨道（如第一图），而是跳来跳去，忽断忽续，忽曲忽直，结果有如第二图。第一图是所看的曲线，它是很秀美的；第二图是看这条曲线时眼球运动听成的线形，它是很零乱的。如果所看的曲线如第三图，则眼球运动所成的线形如第四图。第三图曲线颇陋劣，与第一图曲线相差颇远，但是第四图的线形和第二图的线形却没有多大分别。这些事实都足证明筋肉感觉说不能解释从美线形所得的快感。纵或筋肉感觉是这种快感的一种助力，却不能成为主因。

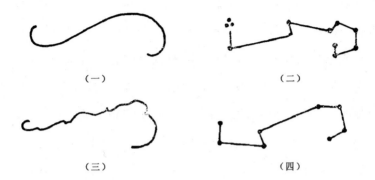

（一）　　　　　　　　（二）

（三）　　　　　　　　（四）

然则单纯的线形所引起的快感和不快感究应如何解释呢？它的原因是很复杂的。

第一，它是节省注意的结果。有规律的线比杂乱无章的线容易了解，所耗费的注意力较少，所以比较能引起快感。有规律的线是首尾一致的。看到它的首部如此，我们便预期它的尾部也是如此；后来看到它的尾部果然如此，恰中了我们的预期，注意力不须改变方向，所以不知不觉地感到快感。丑陋的线没有规律，我们看到某一部分时，不能预期其他部分应该如何，各部分无意义地凑合在一起，彼此并没有必然的关联，我们预期如此，而结果却如彼。注意力常须改变方向，所以不免失望。这个道理可以拿第五、第六两图来说明。

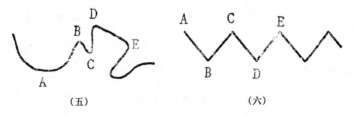

（五）　　　　　　　　（六）

第五图是不能引起快感的，它起首是弧线，是有规律的。我们看

到 A 部时自然预期它以后还是照这个规律进行，可是它到 B、C、D、E 各部屡改方向，与预期恰相反，所以引起不快的感觉。不过规律和变化并不是相妨的。浪费心力固然容易引起厌倦，心力无所活动仍是不免厌倦。所以规律之中寓变化，变化之中有规律，是艺术上一条基本原理。比如第六图就是在制图案时所常用的线形。它从 A 起到 B 止，是守直线的规律的，由 B 点它忽然离开这个规律，转走另一方向，这是和预期相反，不免惹起若干惊异。不过它到了 C 点随即取 A—B 的方向和长度走到 D，心力也因之由活动而恢复平衡。这样寓变化于规律时，变化的结果不是失望，不是挫折注意力，而是打消单调，提醒注意力。

第二，线形所生的快感有时由于暗示的影响。我们欢喜秀美的线纹而不欢喜拙劣的线纹，因为秀美的线纹所表现的是自然灵活的运动，拙劣的线纹所表现的是不受意志支配而时遭挫折的运动。比如乘脚踏车或划船，在初学时都不免转动不如人意，本来可以走直路，因为手脚不灵活，往往不免东歪西倒；但是练习既久，手腕娴熟之后，便可驾轻就熟、纵横如意了。生活中一切活动都可以作如是观。有时环境如炼钢，可以在指头回绕；有时能力不可应付环境，一举一动都不免流露丑拙。我们看到秀美的线觉得快意，就因为它提醒我们的驾轻就熟、纵横自如的感觉；看到拙劣的线觉得不快，就因为它提醒我们的东歪西倒、一无是处的感觉。这都由于潜意识的暗示作用。

第三，我们已经说过，知觉事物常伴着摹仿该事物的运动，看线形也是如此。例如看曲线时筋肉就不知不觉地摹仿曲线运动，看直线时筋肉就不知不觉地摹仿直线运动。筋肉运动有难易，所生的情感即随此为转移；易则生快感，难则生不快感。例如第七图 A 和 B 同是斜线，而多数人却觉得 A 比 B 较易生快感；C 和 D 同是曲线，而多数人也觉得 C 比 D 较易生快感。这就因为它们有顺反的分别，筋肉因为习惯的关系，描画 A 和 C 比描画 B 和 D 较顺便。

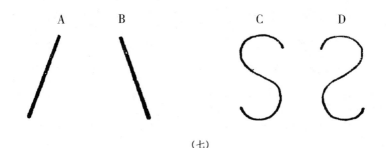

A　　　　B　　　　　　C　　　　D

（七）

　　不过据马丁（J. Martin）的实验，摹仿动作对于线形所生的情感究竟能影响到如何程度，还是一个疑问。她曾叫一百个学生画侧面人形，结果有八十八个学生都把面孔画得向左。原始民族的画像也大半是面孔朝左。我们就可以根据这些事实断定朝左的画易起快感么？她又常拿作幻灯影片的侧面像叫五十个学生看，先使它们向左，后又把它翻转过来向右，问他们最欢喜哪一种，结果有二十五人欢喜朝左的，十五人欢喜朝右的，余十人不觉到分别。她检查过五十三册名画集，发现朝左的像和朝右的像在数目上相差并不甚远。照这样看，摹仿动作虽有影响也很微细，它可以作助力，不可以作主因。

　　第四，我们虽不赞成旧心理学家以联想作用解释一切美感经验，但是却不否认联想可以影响美感。在看线形时，联想作用常是一个要素。据塞格尔（J. Segal）的实验，同是一个线形让同一个人去看，所生的联想不同，所生的情感也就随之而异。例如第七图斜直线 A 或 B，在把它看作画歪了的垂直线时，受验者觉到不快感；在把它看作向上斜飞的箭头时，他就觉到快感。这里显然可以见出联想的影响了。

第五，立普斯所说的"移情作用"对于线形所生的情感影响也颇大。我们往往把意想的活动移到线形身上去，好像线形自己在活动一样，于是线形可以具有人的姿态和性格。例如直线挺拔端正如伟丈夫，曲线柔媚窈窕如美女。中国讲究书法者在一点一划之中都要见出姿韵和魄力，也是移情作用的结果。我们见到柳公权的字，心中就浮起一种劲拔的意象，见到赵孟頫的字，心中就浮起一种秀媚的意象。这个意象本在我的心里，我却把它移到笔划本身上去。移情作用是美感经验的要素，凡是线形可以引起移情作用，大半都可以引起几分美感。

二、以上都是说简单的线形。一条简单的线所引起的情感，其原因已如此复杂，联合数线而围成一空间，其美感的因数自然更难分析了。美的形体无论如何复杂，大概都含有一个基本原则，就是平衡 (balance) 或匀称 (symmetry)，这在自然中已可见出。比如说人体，手足耳目都是左右相对称的，鼻和口都只有一个，所以居中不偏。原始时代所用的器皿和布帛的图案往往把人物的本来面目勉强改变过，使它们合于平衡原则。我们看下列第八图几个拟物形的图案就知道：

此外如希腊瓶以及中国彝鼎都是最能表现平衡原则的。在雕刻、图画、建筑和装饰的艺术中，平衡原则都非常重要。

（八）　原始陶器的图案

我们何以欢喜平衡、匀称的图形呢？有一派学者以为它像简单的线形一样，也应该拿筋肉感觉来解释。我们看匀称的形体时，两眼筋肉的运动也是匀称的，没有某一方特别多费力，所以我们觉得愉快。这一说也被斯屈拉东辩驳过。据他用快镜摄影的结果，眼睛看匀称形体时所走的路径并不是匀称的。例如下列第九图是眼睛看第十图瓶形时运动的路径，在第九图中看不出第十图的平衡原则，是很显然的。

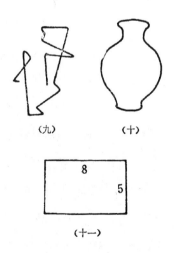

（九）　　　　（十）

（十一）

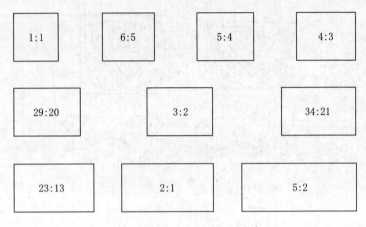

（十二）斐西洛的方形试验（原形五分之一）

有一派学者以为我们欢喜匀称，由于在潜意识中见出它的效理的关系。这个学说发源于希腊数学家毕达哥拉斯，在美学思想上影响颇大。实验美学发源于斐西洛，斐西洛的实验就是从研究形体的数量关系入手。在各种形体中我们所最欢喜的是长方形，所以窗、门、书籍等等都是长方形。长方形的两边的长短也各各不同，究竟长边和短边成什么比例才能引起美感呢？从达·芬奇起，历来画家都以为在最美的长方形中，短边和长边的比例须与长边和长短两边之和的比例相等，这就是说，短边和长边须成1：1.618或5：8（如第十一图）。他们把这种比例叫做"黄金分割"（golden section）。斐西洛用白纸板剪成十个面积相同（64cm²）而两边长短有变化的方形（如第十二图），把它们摆在黑板上面，次序是随意定的，每试验一次，次序即更换一次，使形体和部位的影响消去。他叫受验者在它们之中选择一个最美的和一个最丑的出来。每一次选择算一分。如果受验者同时选择两个

形状，则每个形状得半分，同时选择三个形状，则每个形状得三分之
一分，余类推。他费了许多年的精力，总共试验男子二百二十八人，
女子一百一十九人，结果如下表：

长短两边比例	（最美）选取的数目		（最丑）选取的数目		选取数目的百分比	
	男	女	男	女	男	女
1：1	6. 25	4. 0	36. 67	31. 5	2. 74	3. 36
6：5	0. 5	0. 33	28. 8	19. 5	0. 22	0. 27
5：4	7. 0	0. 0	14. 5	8. 5	3. 07	0. 00
4：3	4. 5	4. 0	5. 0	1. 0	1. 97	3. 36
29：20	13. 33	13. 5	2. 0	1. 0	5. 85	11. 35
3：2	50. 91	20. 5	1. 0	0. 0	22. 33	17. 22
34：21*	78. 66	42. 65	0. 0	0. 0	34. 50	35. 83
23：13	49. 33	20. 21	1. 0	1. 0	21. 54	16. 99
2：1	14. 25	11. 83	3. 83	2. 25	6. 25	9. 94
5：2	3. 25	2. 0	57. 21	30. 25	1. 43	1. 68
总　　数	228. 00	119. 00	150. 00	95. 00	100. 00	100. 00

从这个结果看，多数人欢喜长短两边成 34：21 比例的长方形
（表中用 * 符号标出的），这恰是"黄金分割"的比例。斐西洛以后，
韦特默（Witruer）、安基耶（Angier）、拉罗（Lalo）诸人依法实验，
所得的结果大致相同。

多数人何以特别欢喜"黄金分割"呢？有一派学者说，我们欢喜
两边含"黄金分割"的长方形，并非欢喜这形体本身而是欢喜它所含
的数学的比例，我们在潜意识中把它的长短两边相加起来，和长边比
较，见出长短两边之和与长边的比例，与长边与短边的比例适相等。

这种条理、秩序的发现就是快感的来源。他们以为听音乐所得的快感也是如此。我们在潜意识中比较音波的震动数，发现它们的数量的比例，所以觉得高兴。这种学说显然是很牵强的。同是一个比例在形体中为美而在音乐中却不一定为美。比如有两个音，一个震动数为一百二十八次，一个震动数为二百零七次。这个比例很近于"黄金分割"，而它们在一块却不和谐。这件简单的事实即足推翻数理说了。

依我们看，"黄金分割"是最美的形体，因为它能表现"寓变化于整齐"这个基本原则。太整齐的形体往往流于呆板单调，变化太多的形体又往往流于散漫杂乱。整齐所以见纪律，变化所以激起新奇的兴趣，二者须能互相调和。"黄金分割"一方面是整齐的，因为两对边是相等的；一方面它又有变化，因为相邻两边有长短的分别。长边比短边较长的形体很多，而"黄金分割"的长边却恰长到好处，无太过不及的毛病，所以最能引起美感。它是有纪律的，所以注意力不浪费；同时它又有变化，所以兴趣不致停滞。

三、代替的平衡。平衡的形体易引起美感，已如上述；但是有时不平衡的形体也很美观。在第一流的图画、雕刻之中，真正左右平衡、不偏不倚的居极少数。不但如此，真正左右平衡、不偏不倚的作品往往呆板无生气。然则平衡原则不是不可靠么？依美国文艺心理学家帕弗尔（Puffer）的研究，凡是貌似不平衡的第一流作品其实都藏有平衡原则在里面。她把这种隐含的平衡叫做"代替的平衡"（substituted symmetry）。"代替的平衡"在图画上极为重要，现在我们来详加解释。

我们先说帕弗尔的实验。她用一块蒙着黑布的长方形木板摆在受验者的面前。板的左边钉上一个长八厘米、宽一厘米的固定的白纸板。右边另有一个长十六厘米、宽一厘米的可移动的白纸板。受验者须将可移动的白纸板

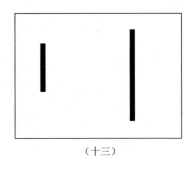

（十三）

摆得和固定的纸板相平行。远近由他自己定夺，但是要使两个纸板所成的形体最美观。以后她又把长纸板改为固定的，使受验者依同法把短纸板摆在最美观的位置。她试验过许多人，发现他们大半把长纸板摆得离中央较近，短纸板摆得离中央较远，有如第十三图——这种摆法便含有代替的平衡。好比一条长板，中心安在一个石凳上面，左右恰相平衡，如果它一头坐着一个小孩，另一头坐着一个大汉子，大汉子须坐在离中心较近的位置，小孩须坐在离中心较远的位置，木板才能保持原有的平衡。因此，帕弗尔把长板叫做重线，短板叫做轻线。就表面说，长线和短线离中心的距离不等，不能算是平衡，但是根据机械的平衡原则，轻物本来比重物离中心须较远才能保持平衡，所以长线比短线摆得离中心较近，实在还是遵守平衡原则的。

如果不用纸板，一边用简单的画片，一边用面积相等的白纸，则大多数人把画片摆得比白纸离中心较近；如果两边都用画片，只是画中情景有简繁的分别，则大多数人也把较繁的画片摆得比较简的画片离中心较近。这都由于简单的东西较轻，繁复的东西较重。用两件东

西摆在一个固定的平面之上，如果要把它们摆得美观，轻的东西须离中心较远，重的东西须离中心较近。这就是"代替的平衡"的原则。

但是这个轻重标准是如何规定的呢？我们何以把长线叫做重，短线叫做轻，繁复的画叫做重，简单的画叫做轻呢？我们何以看到这种轻重远近相称的布置就觉得愉快呢？帕弗尔的解释以谷鲁斯的"内摹仿说"为根据。依她看，美感的愉快都起于"同情的摹仿"。我们看形体，常不知不觉地依本能的冲动去描摹它的轮廓，冲动起于动作神经，传布于筋肉，筋肉系统和神经系统都是左右对称的。平衡的形体所唤起的左右两边的冲动也是相称的，神经和筋肉的活动都依天然的节奏，所以最能引起愉快，几何的平衡之心理的解释如此。

冲动的平衡就是左右筋肉动作的平衡，也就是注意力的平衡。要达到注意力的平衡，形体的左右两方大小远近都相等，固然是一个办法，但是大而近，小而远，也是一个办法。较大的东西、较繁的东西或是较有趣味的东西（总而言之，较"重"的东西），比较小的东西、较简的东西或是较乏味的东西（总而言之，较"轻"的东西）都较易引起注意力。如果较轻的东西和较重的东西距离中心都相等，则注意力全在较重的东西上面，结果就是心理上的不平衡了。如果要使轻的东西所引起的注意力和较重的东西所引起的注意力恰相平衡，则较轻的东西一定须摆在离中心较远的地位，因为距离中心愈远，所需的注意力也愈大。总而言之，近而重的东西所引起的注意力是自然的，远而轻的东西所引起的注意力是勉强的，这两种注意力质不同而量则相等，所以彼此能相平衡。再拿前面近的画片和远的白纸为例，眼睛看近的画片，自然能产生注意力，因为它本身有趣味；白纸平滑单调，不能引起自然的注意，所以须摆远一点；距离既隔得较远，眼睛看它时眼球的筋肉必须经过一番转动，所以它所唤起的注意力能够与画片所引起的注意力相平衡。

代替的平衡在图画中极为重要。帕弗尔曾经研究过一千幅名画，发现每幅画后面都含有代替平衡的原则。各种图画之中大概都有五个要素。一为体积（mass），指画中人物所集中的地方，即着墨最多的一部分。二为情趣（interest），即观者注意力所最易集中的地方，例如人物的动作。三为注意的方向（direction of attention），指画中人物注意所指的方向，大半表现于视线。四为线的方向（direction of line），画中线纹大半是倾斜的，它向某一方倾斜，线的方向就集中在那一方。五为远景（vista），指距离较远的背景。如果在画的中央定一条想像的垂直平分线，则这五种要素常平均分布左右两方，使所引起的注意力左右平衡。例如人事画中体积偏左者则注意的方向往往偏右，风景画中体积偏左者则远景往往偏右，以求左右两方无畸轻畸重的毛病，这就是用代替的平衡。

第三章 声音美

一、英国文艺批评学者佩特（W. Pater）说过，一切艺术到精微境界都求逼近音乐；因为艺术须能泯灭实质与形式的分别，而达到这种天衣无缝的境界的只有音乐。这个道理是一般美学家所公认的。叔本华把音乐认为最高的艺术，因为其他艺术只能表现意象世界，而音乐则为意志的外射。图画所不能描绘的，语言所不能传达的，音乐往往能曲尽其蕴。它的节奏的起伏，音调的宏纤，往往恰合人心的精微的变化。个人的性格、民族的特征以及时代的精神都可以从音乐中窥出。中国古时掌政教的人往往于音乐歌谣中观民风国俗，就是这个道理。音乐不但最能表现心灵，它也最能感动心灵。其他艺术感动人心常不免先假道于理智，有了解然后有欣赏，音乐固然也含有理智的成分，但是到极精微的境界，它能直接引起心弦的共鸣。能受音乐感动的人不必明白音乐的技巧。音乐所表现的往往是超乎理智所能分析的。在诸艺术之中，音乐大概是最原始的，不但蒙昧民族已能欣赏音乐，即飞禽走兽也有音乐的嗜好。瓠巴鼓瑟，游鱼出听，这并不是不近情理的传说。

但是音乐也是最难的艺术。它的感动人心的力量大多数人都能体验到；可是如果问它何以有这么大的力量，精确的答案却不易寻出。一曲乐调奏完时，满场人都表示满意，可是满意的理由彼此却不一致。这个人说它唤起许多良辰美景的联想，那个人说它引起柔和悱恻的情感，另一个人则夸奖它的抑扬开合布置得很周密、很完美。各人所见到的美不同，于是音乐的美究竟何在，遂成为美学上的最大疑问。历来美学家对于音乐有两种不同的意见：表现派说，音乐之所以美者在能表现情感和思想。形式派说，音乐之所以美者在它的本身形式之完备，情感和思想是偶然的、不必要的。要了解音乐，第一关就要了解这个争执的意义。我们姑且慢些讲学理，先来研究近代实验美学对于音乐所研究得来的证据。

二、近代实验美学所最注意的就是音乐，所以对于音乐研究的成绩之丰富远过于其他艺术。关于音乐的实验材料可区分为四大类：（一）关于听音乐者的反应的分别，（二）关于音乐与想象的关系，（三）关于音乐与情感的关系，（四）关于音乐与生理的关系。

关于听音乐者的类别，英国剑桥大学教授马尧斯（C. S. Myers）的工作最值得注意。在前章讨论颜色美时，我们见过布洛的实验，知道在颜色方面，审美者有四类的分别。据马尧斯的实验，听音乐者也可以分为同样的四类。他选出六种名曲的留声机片在受验者的背后开放。每张片子都须听过两次。受验者于听完第一次之后把音乐所引起的感想说出。第二次开放时留声机上附加一种机器，如果受验者觉得某一段没有听清须再听时，可以把该段重新开放一次。这次他须用速记法把心中感想仔细记下。从十五个受验者内省所得的报告中，马尧斯分析出下列四类：（一）主观类，即布洛所说的生理类。这一类人专注重音乐对于感觉情绪和意志的影响。他们在报告里说："通篇都是一种很平静的感觉，好像游水似的，我仿佛想倒卧下来，顺着水流去。""仿佛是临死时的情境，我觉得生命向外流出。""感到非常愉快，身体内部随音乐扩张起来了，因此很兴奋，呼吸忽然也停住了。"（二）联想类，这一类人专注意到音乐所引起的联想。音乐的美丑以联想起来的事物愉快与否为断。他们在报告里说："我仿佛坐在皇后的大厅里。一位穿红衣的女子在拉提琴，另外一位女子在对着琴谱唱歌。那位拉琴者面容很凄惨，她生平一定有什么失意的事。""开场时满台都是人，显出一种很辉煌喧扰的样子。他们都穿着戏装。后来一位歌者从室内走到台右，说了一段很生动的恋爱故事。"（三）客观类，这一类人专拿一种客观的标准来批评音乐本身的技巧。他们在报告里说："我觉得第二号角的声音太洪亮。到第三节有四弦琴时它又嫌不够清朗。""在贝多芬的作品中我们应该注意他的极大的反称，尤其是有动性的反称。他的'上升调'是我最爱听的。""这位提琴手用颤声总是太过火。"（四）性格类，这一类人把音乐加以拟人化，乐调都各有各的性格，有些是快乐的，有些是悲惨的，有些是神秘的。他们在报告里说："它本想显出高兴的样子，但是终于很悲惨。""有些部分带着悔悼的声调。""它好像在惹我笑。"

这四类人的美感的程度，依马尧斯看，以性格类为最高，次为客观类及联想类，主观类最低。音乐专家大半属于客观类，这是由于训练的影响，他们平时注意偏向技艺方面，于是把情感和联想都压抑下去了。他们的态度是批评的而不是欣赏的。一般人能听音乐大半只注意它所引起的联想。注意力集中于联想事物时就不免忽略音乐本身，所以联想所生的快感往往不一定是美感。但是联想有偶然的，有与音乐性质有密切关系的。如果联想起的情境与音乐能化成一气，契合无间，它就能增大音乐所引起的美感了。主观类的毛病，在只注意到自己所受的音乐影响，而致忽略音乐本身的形式。这种态度不是欣赏的，因为他没有在艺术和实际人生中维持一种适当的距离。性格类的审美程度比其他三类都较高，因为他们一方面没有联想类和主观类忽略音乐本身的毛病，同时又不像客观类因过重音乐形式而不能发生情感的共鸣。只有性格类才能达到美感经验中物我同一的境界。

美国美学家浮龙·李（Vernon Lee）曾举行过类似的实验，不过她的目的和方法都比较简单，她先假定听音乐的经验不外两种，一种是只顾到音乐本身，一种是顾到音乐所联带的意义。她请受验者自省属于哪一类，她以为我们只要知道听者的心理变化如何，便可以研究音乐的性质。因此她向受验者问道："音乐使你感到趣味时，你觉得它本身以外另有一种意义呢？还是觉得音乐只是音乐，别无所有呢？"据她的报告，肯定的答案和否定的答案各居半数。肯定音乐别有意义的人们所谓"意义"大半是很模糊隐约的，只有少数人在音乐背面见出整幅的情景或是整篇的故事。否定音乐别有意义的人们大半只留意形式的配合如起承转合、抑扬顿挫等等。欣赏力较大的人们大半都否定音乐于本身以外别有意义。这是一件最可注意的事实。

　　三、多数人虽然对于音乐为门外汉，不能得到音乐所应给的特殊美感，却真能嗜好音乐。他们所玩味不舍的并不是音乐本身而是音乐所引起的幻想。他们常常把音乐的节奏翻译成很生动的情节或是很鲜明的图画。诗人尤其易犯这种毛病。意大利戏剧家阿尔菲耶里（Alfieri）尝说他的作品大半是在听音乐之后结构成的。歌德听门德尔松（Mendelssohn）弹奏一曲巴赫（Bach）作品之后，惊赞道："这真是堂皇典丽！我仿佛见到一队衣裳齐楚的豪贵人踏大步下一个巨大的台阶。"海涅（Heine）在《翡冷翠的一夜》一篇散文里描写他在意大利听音乐的经验，尤其是一幅光怪陆离的图画。李东川的《琴歌》、《听董大弹胡笳》、《听安乐善吹觱篥》几首七古都是中国描写音乐的名作。其中警句如"月照城头乌半飞"、"长风吹林雨堕瓦"、"黄云萧条白日暗"等等都只是描写音乐所唤起的联想。白香山的《琵琶行》中"大珠小珠落玉盘"、"铁骑突出刀枪鸣"诸句也是如此。

　　这一类的人大半以为玩味音乐所引起的意象就是欣赏音乐。法国小说家司汤达（Stendhal）甚至于说："一切叫我注意到它本身的音乐在我看都是下乘。"从上面马尧斯和浮龙·李的实验看，我们可以知道这句话恰和事实相反。法国心理学家里波（Ribot）的实验尤足证明玩味意象和欣赏音乐是两回事。他问过许多人在听音乐时或是回忆某乐调时心中是否现出关于视觉的意象。他把表戏情的音乐特别除开。结果他发现听音乐的人可分两类。一类是有音乐修养的，音乐对于他们很少能引起意象。他们说："我绝对意想不到什么视觉的印象；我浑身被音乐的快感占着；我完全在听觉世界里过活。我根据自己的音乐知识去分析各部分的呼应，但也不过于仔细推敲。我只留心乐调的发展。"一类是没有音乐修养而欣赏力平凡的。他们在听音乐时常发生很鲜明的视觉的意象，因为玩味意象，他们的注意于是不能集中于音乐。里波以为想像本有两种，一种是"造形的"（plastique），一种是"流散的"（diffluenre）。"造形的想像"以知觉为中心，宜于图画，因为它能产生极明确的意象；"流散的想像"以情感为中心，宜于音乐，因为它所产生的意象虽极模糊而却常深邃微妙。古典派、"帕尔纳斯派"（Parnasse）和写实派重客观的艺术家大半富于"造形的想像"，浪漫派、象征派和印象派重主观的艺术家大半富于"流散的想像"。这两种想像常格格不入。想像属于造形类者欢喜把迷茫隐约的东西变成固定清晰的，所以在听音乐时常把耳所闻者译为目所能见的图画。音乐家在作乐制谱时心理过程恰与此相反。人事和物态本来是很固定明晰的，印入音乐家心里之后，便酝酿成一种不易描绘的情调，这种情调译为音乐的语言，便成乐谱。

四、音乐与幻想的关系是很值得研究的。同是一曲乐调，甲听之起一种幻想，乙听之又另起一种幻想。然则音乐和它所引起的意象之中是否毫无关联呢？据英人盖尔尼（Gurney）的研究，凡一种乐调唤起某事物的意象时，它的节奏大半和事物的动作有直接类似点。描写类音乐大半如此。瓦格纳取鸟语入乐曲，萧邦取急雨堕瓦声入乐曲，都是著例。有时音乐虽不直接摹仿事物的音调，却可从节奏起伏上暗示事物的性质和动作。例如飘荡幽婉的舞曲常暗示仙女，沉重低缓的舞曲常暗示巨人。普赛尔（Purcell）用下降调暗示特洛伊城（Troy）的衰落，也是以节奏象征动作。乐曲的命名也是唤起联想的一个主因。例如以溪流、瀑布、铃声、驰马、荡舟为名的音乐自然容易唤起这些事物的意象。以晚景、月夜、靖景为名的音乐自然容易唤起这些时候所常有的情调。

如果一曲乐调不是完全摹仿外物声音的，又没有固定的名称暗示联想的方向，则听者所生的意象必人人不同。美国梵斯华兹（Farnsworth）和贝蒙（Bemont）两教授常叫一班学图画的学生听两曲性质不同的乐调，每次都随时把音乐所引起的意象画在纸上。乐调和作者的名称都不让学生们知道。拿这些图画来比较，各人所起的意象彼此很少类似点。但是有一点是很值得注意的，在听同一乐调时所作的图画其中情景虽各各不同，而情调和空气则很相近。乐调凄惨时各图画的空气都很黯淡，乐调喜悦时各图画的情调都很生动。从这个事实看，我们可以见出音乐虽不能唤起一种固定意象，却可以引起一种固定的情调。同样的乐调常发生同样的情调，不过各人由这情调所生的意象则随性格和经验而异。据弗洛伊德派心理学者说，幻想都是意识欲望的涌现，所以幻想中的意象都象征情欲中一种倾向。照这样说，音乐激动意识时，被压抑的欲望化装涌现，于是才有意象。化装尽管不同，而化装所掩盖的欲望，则为原始的、普遍的。

五、与音乐所引起意象这件事实密切相关的还有一个很奇怪的现象，就是"着色的听觉"（colour-hearing）。有一部分人每逢听到一种音调常立刻联想起一种颜色，同是一个音调而各听者所联想起的色觉往往不一致。据奥特曼（Ortman）的实验，有些人听高音生白色的感觉，中音生灰色的感觉，低音生黑色的感觉。有些人从低音到高音顺次生黑、棕、紫、红、橙、黄、白诸色觉。据德拉库瓦（Delacroix）教授的报告，他曾见过一位瑞士学生每逢听提琴的声音，都仿佛见到一条波动的黑色蓝边的长带，嗅玫瑰花的香气时也起同样的幻觉。他所喜欢的东西都带着蓝色。例如他第一次看见《密罗斯爱神》的雕像，和听柴可夫斯基的悲歌时，他眼里都看到蓝色。此外他又遇见一个受验者听到瓦格纳的《歌师曲》的引子时发生黑色、红色和金黄色的幻觉。据说瓦格纳《歌师曲》的引子是在莱茵河上观日落之后得到灵感而谱成的，可见听者所起的金黄色的幻觉并非偶然了。这种"着色的听觉"现象的原因何在，学者还没有定论。有一派人以为它是生理的，他们说，听觉神经和视觉神经混合才呈这种现象，不过这还是揣摩之词。法国象征派诗人尝根据这种现象发挥为"感通说"（corresportdance）。依他们看，自然界中声色形象虽似各不相谋，其实是遥相呼应的，由视觉得来的印象往往可以和听觉得来的印象相感通，所以某一种颜色可以象征某一种形象或是某一种音调。兰波

(A. Rimbaud) 尝做一首十四行诗拿颜色来形容 A、E、I、O、U 五个母音，就是象征派的一种信条。

六、近代实验美学对于音乐与情绪的关系所得的成绩，比音乐和想像的研究尤其丰富。音乐对于情绪的影响是古今中外诗人们所常歌咏的。不但在人类，连动物也有音乐的嗜好。瓠巴鼓瑟，游鱼出听，这种传说在一般人看来或近于荒唐，但是据美国音乐心理学者休恩 (Schoen) 所援引的实例，它却有很多的实验证据。他们在动物园里奏提琴，同时观察各动物的反应，曾记载下来这样的结果：蝎舞动，随音调的扬抑而异其兴奋程度；蟒蛇昂首静听，随音乐的节奏左右摇摆；熊兀立静听；狼则恐惧号啼；象常喘气表示愤怒；牛则增加乳量；猴子点头作势。从这些实例看，我们可以知道音乐的感动力是极原始极普遍的。达尔文以为音乐的起源在异性的引诱，所以在动物中以雄的声音为最洪亮最和谐，弗洛伊德派学说颇近于此。

音乐所引起的情绪随乐调而异，每个乐调都各表现一种特殊的情绪。这种事实古希腊人即已注意到。他们分析当时所流行的七种乐调，以为 E 调安定，D 调热烈，C 调和蔼，B 调哀怨，A 调发扬，G 调浮躁，F 调淫荡。亚理斯多德最推重 C 调，因为它最宜于陶冶青年。英人鲍威尔 (E. Power) 曾作同样的研究，以为近代音乐所用的各种乐调在情绪上所生的影响如下：

C 大调　纯粹坚决的情调，纯洁，果断，沉毅，宗教热。

G 大调　真挚的信仰，平静的爱情，田园风味，带有若干谐趣，为少年所最爱听。

G 小调　有时忧愁，有时欣喜。

A 大调　自信，希望，和悦，最能表现真挚的情感。

A 小调　女子的柔情，北欧民族的伤感和虔敬心。

B 大调　用时甚少，极嘹亮，表现勇敢、豪爽、骄傲。

B 小调　调甚悲哀，表现恬静的期望。

升 F 大调　极嘹亮，柔和，丰富。

升 F 小调　阴沉，神秘，热情。

降 A 大调　梦境的情感。

F 大调　和悦，微带悔悼，宜于表现宗教的情感。

F 小调　悲愁。

两音合奏时，其和谐程度视音阶距离的远近为准。通常以八阶（即 C'—C'）为最和谐，二阶（即 C'—D'）为最嘈杂。每个音阶也各表现一种特别的性格与情感。据休恩所引意大利学者的报告，音阶和它的影响如下：

短二阶　悲伤，痛悼，退让，焦躁，疑虑。

长二阶　较短二阶稍愉快，仍带严肃气。

短三阶　悲伤，愁苦，骚动，有人以为它表示平静、满意及宗教热。

长三阶　欣喜，颜色，勇敢，果决，自信，发扬。

四阶　满足，欣喜，颜色，力量，发扬，间带伤感。

五阶　反应甚多，通常为平静、欣喜，间带伤感。

六阶　和悦，力量，勇敢，胜利。

短六阶　通常是静穆。

长六阶　通常表示满意、柔情、希望，间带伤感。

七阶　骚动，不满意，惊讶，幻觉。

短七阶　不和谐，疑虑。

长七阶　不和谐，疑虑，间或表示希望、信仰。

八阶　完美，成就，间或表现招邀、焦躁或哀悼。

从这个表看，音阶虽各有特殊的影响，而却没有定准。二阶、七阶本来是两种嘈杂的音阶（dissonances），所以影响很明白，其余如五阶、四阶、长三阶等所生的影响并不确定。音乐的影响应从整个乐调研究。如果单研究独立的音阶，则所得结论不能适用于全体乐调。独立的音阶是不能成为乐调的，和其他音阶并用时，则受其他音阶的影响，不能保存其在独立时的特性。所以上面所述的结果在科学上价值甚小。

七、在听音乐时各人所注意的要素往往不同，有人偏重节奏，有人偏重布局，有人偏重音色，有人偏重其他要素。音乐家作曲对于这些要素也往往有所偏好。美国心理学家华希邦（M. F. Washburn）和狄金生（G. L. Dickinson）尝把音乐快感的来源分为节奏（rhythm）、旋律（reelody）、布局（design）、谐声（harmony）及音色（Lone-colour）五种。她们用一百八十二种名曲测验许多学音乐的学生。发现这五种要素之中以旋律为最重要，依次而降为节奏、谐声、布局、音色。旋律在一般音乐家中都占第一位，只是在韩德尔（Handel）、勃拉姆斯（Brahms）、德彪西（Debussy）诸人作品中才占第二位。

节奏在勃拉姆斯的作品中占第一位，在海顿（Haydn）、贝多芬、舒曼、萧邦、门德尔松诸人作品中占第二位，在巴赫、莫扎特、瓦格纳、李斯特、德彪西诸人作品中占第三位。布局没有音乐家把它摆在第一位的，它在巴赫和莫扎特的作品中占第二位，在韩德尔、海顿、贝多芬诸人作品中占第三位。谐声只在德彪西的作品中占第一位，在瓦格纳的作品中占第二位，在舒曼、萧邦、门德尔松、李斯特、勃拉姆斯诸人作品中占第三位。音色只在韩德尔的作品中占第一位，其余音乐家都把它放在第三、四位以下。从这个实验中她们又另外推出两个结论：一是含快感来源（即指以上五种）愈多的音乐，所引起的快感也愈大；二是最兴奋和最平和的音乐发生最大快感，中平的音乐影响最小。

八、关于音乐与情绪的实验要推美国宾汉（W. V. Biagham）、休恩（M. Schoell）诸人所做的规模为最大。他们用二百九十种名曲留声机片，在三年之中（一九二〇年至一九二三年）先后测验过两万人。他们得到下列几条重要的结论：

（一）每曲乐调都要引起听者情绪的变迁。

（二）同一乐调在不同时间给许多教育环境不同的人们听，所引起的情绪变迁往往很近似。

（三）情绪变迁的大小与欣赏力的强弱成比例。

（四）乐调的生熟往往能影响欣赏程度的深浅。但是欣赏力愈强者愈不易受生熟差别的影响，欣赏力愈弱者愈苦陌生的新音乐不易欣赏。

（五）听音乐者可分三类：欣赏力弱者欣赏时甚少，欣赏的强度也甚小；欣赏力平庸者欣赏时甚多，欣赏的强度却甚小；欣赏力强者欣赏时甚少（因为慎于批评），但是欣赏的强度却很大（因为了解技艺）。

（六）情绪的种类与欣赏的强度无直接关系，惟由和悦而严肃时比由严肃而和悦时所生的快感较小。

（七）对于乐调价值的评判与欣赏的强度成比例。

（八）音乐只能引起抽象的普遍的情调如平息、欣喜、凄恻、虔敬、希冀、眷念等等；不能引起具体的特殊的情绪如愤怒、畏惧、妒忌等等。

九、音乐所以能影响情绪者大半由于生理作用。

关于声音的生理基础，学说颇多，以德国心理学家海尔门霍兹（Helmholtz）的为最圆满。我们知道，听觉器官分外耳、中耳、内耳三部分。音波来时，外耳任收集，中耳任传达，内耳任接收。这三部分器官尤以内耳为最重要。内耳又分三部分，外部为三个半规状管，借中耳的骨状体与鼓膜相连；中部为前庭，内部为螺状体。螺状体之中盛满液体，其中有一条带状基膜。听觉神经即散布在这条基膜上，音波入耳孔时先引起基膜的震动，这个震动传到螺状体，引起其中液体的震动，听觉神经受这震动的刺激，传到脑的听神经中枢，于是有音乐的感觉。所以真正的听觉器官只是内耳的螺状体。近代心理学家尝把动物的螺状体设法移去，结果该动物即失其听觉作用，可为明证。但是音的高低是怎样感觉到的呢？依海尔门霍兹说，螺状体的基膜好像钢琴，钢琴上弦子排列由左而右，愈左愈长，愈右愈短，所以它们发的音愈左愈低，愈右愈高。每条弦子都只能发一种音。螺状体的基膜是夹在两条软骨中间的，下部甚窄，愈近螺顶愈阔，基膜上面横列着无数细胞纤维，纤维的两端都嵌在夹着基膜的软骨里，所以愈在基膜窄部愈紧张，愈在基膜阔部愈松弛，每条神经纤维即相当于一条琴弦，只能吸收一种音波。长而松的纤维吸收低音，短而紧的纤维吸收高音。换句话说，每条神经纤维就是一个共鸣器。根据物理学的原理，每一个共鸣器只能和一种音共鸣。听神经纤维也是如此。某纤维只能和每秒震动三百次的音波共鸣，某纤维只能和每秒震动六百次的音波共鸣，都不能稍有改变。如果有"纯音"的可能，在它入耳时，就只有一条听神经纤维行使其机能，在无数复音入耳时，好比几个琴弦同时被弹一样，就有无数听神经纤维行使其机能。人的螺状体基膜上共含两万四千条听神经纤维，所以在理论上有听两万四千种音的可能。

近代科学家有人拿狗来试验，发现狗的基膜下部毁坏时即不能听高音，上部毁坏时即不能听低音。又有人拿几尼亚猪来实验，给一种震动数固定的单调音接连让它听数星期，以后它就不能听该音调。它死后，我们如果检验它的基膜，就可以发现担任听该音调的纤维已腐烂，这就由于该纤维行使机能过久，缺乏休息和营养，所以失其作用。如果实验用的音很高，则腐烂的纤维常在基膜下部；如果实验用的音很低，则腐烂的纤维常在基膜上部。这种实验是海尔门霍兹的学说一个有力的证据。

　　但是音乐实不仅能影响听神经，还可以影响周身的筋肉和血脉的运动。近代实验美学家应用种种仪器测验音乐对于血液循环及脉搏起伏的影响也颇可资参考。据斐芮（Feary）、斯库普秋（Scripture）诸人的研究，声音都可以使筋肉增加能力，迅速的和愉快的音乐尤其可以消除筋肉的疲劳。孟慈（Mentz）发现凡在音调完全和谐时，音的强度猛然更换时以及一曲乐调将终结时，血脉和呼吸都变慢；在听者注意分析乐调时，血脉和呼吸都变快。比纳（Binet）和库地耶（Courtier）的结论与此稍不同。他们都说一切音的刺激都可以增加血脉和呼吸的速度，不过在听不调和的音阶、大音阶以及音阶迅速更换时，血脉和呼吸的速度变得更快。据福斯特（Foster）和干伯尔（Gamble）的研究，听音乐时的呼吸和平常工作时的呼吸速度并无分别，不过平时呼吸有规律，听音乐时呼吸大半没有规律。斐拉芮（Ferrari）拿疯人和健全人来比较，发现只有疯人在听音乐时血脉的起落才直接受音乐的影响，他以为这是由于疯人的心脏失去控制作用。据海依德（H. Hyde）的报告，悲伤的音乐可以使血脉速度变缓，愉快的音乐可以使血脉速度变快，生理的变迁和心理的变迁是相平行的。她以为愉快的音乐对于病有治疗的功效。康宁（L. Corning）也说患神经病的人在听音乐之后病势可略减轻。古希腊常用音乐来治疗病症，亚理斯多德曾说音乐有"发散"（catharsis）的功效。音乐何以能治病，科学家尚无满意的解释，但是它的功效大半是生理的，则已为一般人所公认。

　　十、近代实验美学对于音乐所得的结果大致如此。在理论方面，我们前已提及，近代美学家对于音乐有表现派和形式派的分别。表现派以为音乐是情感的流感，音乐家和诗人一样，心中都有一种深厚的感情要表现出来，不过他们所用的工具不同，诗人表情用文字，音乐家表情用乐调。音乐的好坏以其所表现的感情深浅为准。这种学说在中国从来没有人置疑过。《乐记》中有一段话把这个道理说得最透辟："乐者音之所由生也，其本在人心之感于物也。是故其哀心感者其声噍以杀，其乐心感者其声啴以缓，其喜心感者其声发以散，其怒心感者其声粗以厉，其敬心感者其声直以廉，其爱心感者其声和以柔，六者非性也，感于物而后动。"在西方思想史中这种学说在近代才盛行。叔本华是一个先导。他的音乐定义是"意志的客观化"（the objectification of will），其他艺术表现心灵都须借助于意象，只有音乐才能不假意象的帮助而直接表现意志。德国大音乐家瓦格纳根据叔本华的哲学，倡音乐表情之说，以为凡可以音乐表现者同时也可以文字表现，于是开近代"乐剧"（music drama）的先河。这种音乐表情说与当时浪漫主义的文学主张相吻合，都是注重情感，薄视古典派的明晰的形式。浪漫时期的音乐大半迷离隐约，没有明确的轮廓，就是受表现说的影响。

赞成表现说者大半以为音乐与语言同源。语言的音调往往随情感变化而起伏，所以同是一句话在怒时说出和在喜时说出的语调不同。语言背后本已有一种潜在的音乐，正式的音乐不过就语言所已有的音乐加以铺张润色。持此说最力者在法有格列屈（Gretry），在英有斯宾塞（Spencer）。斯宾塞尝说，音乐是一种"光彩化的语言"（glorified language）。他以为情感可影响筋肉的变化，而筋肉的变化，则可以影响音调的宏纤、高低、长短。照这样看，乐器所弹奏的音乐是由歌唱演化出来的。

就常识说，音乐表现情感说似无可置疑，但在近代极受形式派的攻击。形式派首领是德国汉斯力克（Hanslick）。他曾著一书，叫做《音乐的美》，用意在反驳瓦格纳的音乐表情说。在他看，音乐就是拿许多高低长短不同的音砌成一种很美的形式。在其他艺术之中形式之后都有意义，在音乐之中则形式之后绝对没有什么意义。音乐的美完全是一种形式的美。听音乐的人须能把全曲乐调悬在心眼面前，仔细玩味它的各部分抑扬开合的关系，才能见到音乐的美。音乐能引起情感，固然是事实，但是音乐的美却不在它能引起情感。"严格地说，凡美都无所为，因为它除形式之外即别无所有。形式尽管可以有用场，可是就其为形式而言，自身以外实别无目的。如果审美能引起快感，这是影响，和美的本身不是一件事。我示人以美时，目的尽管在引起他的快感，但是这个目的与美的本身却不相干。美纵然不能引起任何情感，纵使没有人去看它，它却仍不失其为美。换句话说，美虽是为给观者以愉快而存在的，至其可否存在却不依赖它能否给人以愉快。"这是艺术上形式主义的一段最明显的供词。

英人盖尔尼（Gurney）也反对音乐表现情感说。他以为音乐的美不在情感，就如美人的美不在她的忧喜。他引了许多大音乐家的话来证明"表现说"的无稽：

贝多芬埋怨人对于他的作品曲为解说，曾经说许多很酷毒的话。但是要寻关于这个问题的联贯的主张，自然要去看门德尔松和舒曼一班文人派音乐家的著作。门德尔松说："如果你问我在制某乐谱时心里所想的是什么，我只能说，那恰是该谱制成时的形样。……"从此可知音乐本身以外的观念和情感都非必要了，——至少在门德尔松是如此。舒曼对于在音乐中寻文字的意义之意见，可从下面的话看出："批评家们老是想知道音乐家自己所无法用文字说出的东西，他们对于所谈的东西往往连十分之一也没有懂得。天！将来有一天人们不再问我们在神圣的作品之后隐寓什么意义？把第五阶辨别出来罢，别再来扰我们的安宁！""贝多芬谱田园交响曲所冒的危险，他自己知道的。画家们因此把贝多芬画在一条小河旁边坐着，捧着头听潺潺的流水，这是多么荒谬！""人们总以为音乐家在制谱时，先准备好纸笔，打定主意来作描写的工作，来表现这样，表现那样，这实在是大错。不幸得很，这恰巧是柏辽兹（Berlioz）所做的勾当，而且有许多人因为他专做这种勾当而去捧他！"

这番话不但是攻击表现说，对于音乐起于语言一说也可以说是一个打击。音乐起于语言说本来很难成立。据德国华拉歇克（Wallaschek）的研究，野蛮民族所唱的歌调毫无意义，他们却欢喜唱它，欢喜听它，都只是因为音调和谐。儿歌也是如此。格罗塞（E. Grosse）在《艺术源始》里也说："原始的抒情诗最重的成分就是音乐，至于意义还在其次。"从此可知语言和音乐是两件事，语言有意义，了解语言就是了解它的意义；音乐无意义，要欣赏它，只要能觉得它的音调和谐就够了。不但如此，乐调的高低是有定准的，语调的高低是无定准的；音乐所用的音是有限的、断续的，语言所用的音是无限的、联贯的。这个道理，斯徒夫（Stumpf）早已说过，也是证明音乐和语言并没有直接的关系。音乐既不是一种语言，就不能算是一种表现情感的艺术了。

表现派和形式派的争执大要如此。他们都似持之有故，言之成理，我们究竟何去何从呢？从上述各实验看，我们很难偏袒某一派。从表现派说，每个乐调和每个音阶既都各有特殊的情感，而同一乐调在许多听者所生的情感既又相近似，则音乐表现情感之说有证。说到究竟，凡是关于音乐与情感的测验大半都以表现说为出发点。反之，从形式派说，如果音乐表现固定的情感和意义，则听者所生的意象不应人各一样，毫不相谋，而发生联想也就是了解音乐所表现的意义，也就是欣赏音乐；但是据实验结果看，同一乐调可以引起许多不同的幻想，联想类听者和主观类听者对于音乐的欣赏力又极薄弱。这些事实都与表现说不甚符合。然则形式派与表现派的争执，究应如何解决呢？

我们在第一章分析美感经验时已详细说过，一切艺术都是抒情的表现，都是实质和形式婚媾后所产的宁馨儿，有实质而无形式则粗疏，有形式而无实质则空洞，音乐自然也不能跳开这个公例，离开情感，单靠形式而存在。专在形式上下功夫而不能表现任何情感的音乐，究非上品。大音乐家如贝多芬、瓦格纳、巴赫诸人的作品都有很深厚的情思在后面，这是多数人所公认的。绝对否认音乐为表现的艺术，这实在是形式派的误解。不过表现派以为音乐所表现的是固定的具体的情思，说贝多芬的《第九交响曲》用意在证明神的存在，说他的《田园交响曲》是描写某处的田园的风味，这也是没有明白音乐的真使命。德拉库瓦教授说得好："音乐把情感加以音乐化。"音乐确实是表现情感的，但是像其他艺术一样，它所表现的并非生糙的情感。生糙的情感通过音乐之后，好比泥水通过渗沥器，渣滓脱尽，仅余精萃。音乐仅摄取诸个别情感的共相，它所表现的只是情感的原型，好比名理范围里的由普遍化及抽象化得来的概念。概念隐括诸个别事物的意义，却不带诸个别事物的殊相。音乐所表现的也是如此。譬如一曲音节响亮、节奏飞舞的音乐所表现的只是一种欣喜焕发的情调，有人听见发生行婚礼时的情感，有人听见发生奏凯旋时的情感，有人听见觉得它是表现春天的景象，有人听见觉得它是描写少年英雄的豪情胜概。这些都是特殊的固定的具体的情思，却同具欣喜焕发的情调。音乐只能表现这种普遍的抽象的情调，却不能表现特殊的具体的情思。由普遍的抽象的情调而引起特殊的具体的情思，这是由全体到部分的联想。一般人因为听某种乐调起某种特殊的情感或意象，便以为该种乐调就是表现该种特殊的情感或意象，这是陷于以偏概全的谬误，犹如看到一幅青色的图案画联想到某一棵松树，便说该图案表现那一棵松树，同是一样无稽。梵斯华兹和贝蒙叫一班学音乐的学生在听音乐时随时将所生的意象画下，结果各画所表现是不同而情调则一致。宾汉和休恩诸人发现音乐只能表现平息、凄恻、欣喜、虔诚、眷念一类的普遍的情调，而不能表现愤怒、畏惧、妒忌一类的特殊的情绪。这些实验都足证明我们的见解。